译文经典

沉思录

Meditations

Marcus Aurelius

〔古罗马〕马可·奥勒留 著

唐江 译

上海译文出版社

目　录

　　在经过周全考虑、做出决定之后，就要始终
坚定不移；不可抱有追求荣耀的虚荣心；锲而
不舍，持之以恒；愿意倾听任何人就公众利益
提出的任何建议；公平行赏，不偏不倚；明白
何时应当严格，何时应当宽容。

　　只要你做每件事的时候，都把它当作人生中
的最后一件事，你就能做到心无杂念：不会再
找不到目标，不会再因为激情而违背理性的法
则，不会再自我开脱，不会再自恋，不会再对
命运的安排心怀不满。

　　倘若你从人类的生活中，发现了比正义、真
理、克己、勇气更美好的东西——简而言之，

比让你始终按真理行事、让你接受不容选择的命运的内心自足还要美好： 如我所说，倘若你能找到比这更美好的东西，那就全心全意地接纳它，享受你发现的这般美好吧。

在内心世界，你只需坚持少许重要的原则，它们能轻易消除你所有的痛苦，它们将你送回你必须面对的事物时，你心里不会再有丝毫的怨恨。

对宇宙中至高无上的力量心怀敬畏吧： 是它运用万物，指引着万物。 不过也要敬畏你心中至高无上的力量，这种力量跟那种力量十分相似。 它也在你的心中运用着其他一切，掌管着你的人生。

我履行自己的义务，外物无法让我分心。 它们要么不具备生命，要么不具备理性，要么迷失了路途，不知道真正的道路在哪里。

　　不要幻想拥有你所没有的东西，要满足于你
所拥有的，还要提醒自己，若非自己已经拥有
了这些，你会对它们多么向往。
　　退避到内心当中吧。 富有理性，起支配作
用的心灵的本性，便是满足于做该做的事，享
受因此获得的宁静。

　　不要因为你的人生图景感到压抑，不要总想着
过去或未来有多少艰难困苦。只要在当下的每一
个瞬间扪心自问："在这项工作里，有哪些地方
令我不堪忍受？"你会羞于承认的。 然后再提
醒自己，给你带来沉重负担的，既非未来亦非过
去，总是现在： 只要你能将现在隔绝开来，谴责
自己软弱的意志，竟然连这样一点事都无法承
受，那么现在带来的负担就会随之减轻。

　　当前的判断确凿无疑，当前的行为有益社
会，当前的心情对任何外来的影响都能欣赏接
受，有这些就够了。

排除幻想，遏制冲动，抑制欲望：让你那起支配作用的心灵自己做主。

能够体察真谛的人，只需一句简短而平凡的提醒，便能忘却所有的痛苦与恐惧——比如：人生一世，草木一秋。

尽可能用最美好的方式度过一生。这样做的力量就寓于人的灵魂之中，只要他能对无关紧要的事物淡然置之。只要他在看待这些事物的时候，既将它们视为一个整体，又能分析它们的组成部分，同时记住，它们无法强迫我们对它们做出判断，也无法强加到我们头上，这样就能做到淡然置之。

人生的救赎在于看清每一样事物的本质和整体，辨明其物质和因由，全心全意地做正确的事，讲真实的话。余下的只有接连不断地行善的乐趣，中间不留丝毫空隙。

第一卷

在经过周全考虑、做出决定之后，就要始终坚定不移；不可抱有追求荣耀的虚荣心；锲而不舍，持之以恒；愿意倾听任何人就公众利益提出的任何建议；公平行赏，不偏不倚；明白何时应当严格，何时应当宽容。

1　我从祖父维鲁斯①那里学到：举止得体和待人和气。

2　我从人们对父亲②的评说和我对父亲的记忆里学到：为人正直和刚强勇毅。

3　我从母亲③那里学到：虔诚、慷慨、戒除恶行，更要断绝恶念；黜奢崇俭。

4　我从曾祖父④那里学到：不要去公共学堂，要延请良师来家授课。我还学到：在这方面花钱，无需精打细算。

5　我从导师那里学到：别去支持战车比赛里的蓝队绿队⑤，别去支持比武场里的重装与轻装武士；要忍受痛苦，清心寡欲；自食其力，管好自己的事；对心存不良的流言蜚语充耳不闻。

6 我从狄奥格内图斯⑥那里学到：避免虚情假意；概不相信贩卖奇迹和跑江湖的人所说的咒语、驱邪云云；既不兴斗鹑之赛⑦，也不为此类消遣动心；容许别人直言劝谏；喜爱哲学，先后聆听巴克赫伊奥斯、坦达西斯和马尔基阿诺斯的教诲；从年轻时开始执笔行文；喜爱睡硬板床、盖粗兽皮以及其他各种希腊式训练方法。

7 我从卢斯提库斯⑧那里学到：明白自己的性格需要矫正；不要流于夸夸其谈，因此不要撰文吹嘘自己主观臆断的想法，传达自己微不足道的道德训诫，或者把自己标榜成苦行者或慈善家；避免演说式、诗化、造作的语言；不宜身

---

① 维鲁斯(Verus)，指马可·安尼乌斯·维鲁斯，奥勒留的祖父，后又抚养了他。
② 奥勒留的生父，和奥勒留祖父同名，古罗马执政官，很早去世。
③ 奥勒留的母亲是多米提亚·鲁西拉，她与丈夫育有一男一女。
④ 奥勒留曾祖父，古罗马的元老院议员和执政官。
⑤ 古罗马的战车比赛中，通常有四支队伍参加，分别以白色、红色、绿色和蓝色为主色，每一支队伍背后都有相应的人群支持；其中蓝队和绿队之间的较量最为激烈。
⑥ 狄奥格内图斯(Diognetus)，奥勒留绘画方面的指导老师，在其他领域，他对奥勒留也有影响。
⑦ 斗鹑 (quail-fights)，是古代流行的一种游戏。早在古希腊时期，人们就开始饲养鹌鹑，让它们相互争斗以供取乐。
⑧ 卢斯提库斯 (Rusticus)，当时最负盛名的哲学家，作为皇帝的老师，他极受尊重。

穿礼服在家里走来走去，或者做类似的事情；写信宜用质朴自然的风格，就像他从西努埃萨写给我母亲的信一样；一旦冒犯过我或者被我冒犯过的人流露和解的意愿，就欣然与之和解；用心读书，不要满足于自己肤浅的思考，或是匆忙接受他人浅薄的见解；我还见识了爱比克泰德①的《谈话录》，是他从自家藏书中推荐给我的。

　　8　我从阿波洛尼奥斯②那里学到：不为外物所系，对命运的翻云覆雨泰然处之，每时每刻都只用理性的眼光看待事物；即使突遭创痛、丧失儿女、久病不愈，也不可失去常性；从他生动的垂范，可以清楚地看出，人可以将严厉与宽厚集于一身；陈说原委时不可失去耐心；他显然并不觉得，自己传道时的经验和技巧是什么高超的禀赋。我还学到：如何在领受友人明显的恩惠时，既不放弃原则立场，又不在回绝时，漠视对方的感受。

----

① 爱比克泰德(Epictetus)，古罗马斯多葛学派哲学家，他对奥勒留的思想有重大影响。
② 阿波洛尼奥斯 (Apollonius)，斯多葛学派哲学家，来自卡尔西登的职业演说家，被安东尼·庇护皇帝邀请回罗马教导奥勒留。

9 我从塞克斯都①那里学到：仁慈的性情，以及由家长做主，管理家庭事务的方式；过率性的生活这一理念；真挚自然的高贵气质；自发地替朋友着想；对普通人和无理偏执的人都能宽容对待；他对所有人都和蔼可亲，这让他的话比任何奉承话都令人愉悦，接触过他的人，无不对他满怀敬佩；他善于有条不紊地发现和总结生活的基本原则；从不以发怒或其他激烈的情绪示人，而是把彻底的心平气和与最深厚的仁爱结合起来；称赞时不说花言巧语，不恃才傲物。

10 我从文法学家亚历山大②那里学到：不可对错误严加斥责，或者在别人犯下词汇、句法、发音错误时，出言打断，从中挑刺，而要通过答话、确认，或者通过探讨问题本身，而非探讨措辞的方式，不露痕迹地带出正确的说法，或用其他方式善加提醒。

---

① 塞克斯都（Sextus），来自希腊海罗尼亚的哲学家。
② 文法学家亚历山大（Alexander the grammarian），奥勒留的导师之一。

11　我从弗龙托①那里学到：明白独裁统治中的猜忌、反复无常和伪善，会带来何种后果；我们称作"贵族"的这些人，大多缺乏仁爱之心。

12　我从柏拉图主义者亚历山大那里学到：尽量不要，倘若没有必要理由，更是绝对不能，对任何人说出或写下"我太忙"这几个字；也不要用类似借口，推说"周围压力太大"，时常逃避我们对同辈和同龄人应尽的义务。

13　我从卡图卢斯②那里学到：哪怕遭到无理埋怨，也不可傲然拒绝朋友的批评，而要尽量帮他恢复平常的感受；在提到自己的老师时，应当满怀感激，就像书里说的多米提乌斯和阿特诺多托斯那样；对孩子应当真心喜爱。

14　我从塞维鲁那里学到：爱家人，爱真理，爱公义；在他的帮助下，我渐渐理解了特拉塞亚、赫尔维乌斯、加图、狄昂、布鲁图的著作；构想出了一种均衡化的政体，一

---

① 弗龙托(Fronto)，古罗马著名演说家、修辞家、语法学者。他以演说而闻名，据说同加图、西塞罗以及昆体良等大家齐名。他曾在迦太基和罗马学习。罗马皇帝哈德良在位期间，他多次担任法律辩护人，并获得高名。
② 卡图卢斯 (Catulus)，斯多葛学派哲学家。

个以平等和言论自由为基础建立的联邦，一个珍视臣民的自由胜过一切的君主国；我还从他那里学到：对哲学始终满怀尊重，乐善好施、乐观向上；他对朋友的友爱满怀信心，对看不惯的人直言不讳，从不掩饰自己的好恶，因此友人无需揣测他的心意。

15　我从马克西穆斯[①]那里学到：自我克制，不为任何心血来潮的想法所动；在任何情况下都保持心情愉悦，即使生病亦不例外；把握好性格的平衡，做到既温和又高贵；毫无怨言地完成非做不可的事；他让每个人都相信自己心口如一，所做的事都是出于善意；他从不惊慌失措；做任何事都不紧不慢，一向足智多谋，从不萎靡不振，打退堂鼓，也从不动怒或多疑；他乐善好施，为人宽厚而真诚；他给人以这样的印象：坚守正道是他自愿的选择，而非外间逼迫的结果；从来不会有谁觉得，自己在他身边相形见绌，也不会自认比他更加出色；他还具有令人愉悦的幽默感。

———————————

① 马克西穆斯（Maximus），斯多葛派学者，元老院议员，曾经担任过罗马帝国执政官。

16　我从养父①那里学到：性情宽和，在经过周全考虑、做出决定之后，就要始终坚定不移；不可抱有追求荣耀的虚荣心；锲而不舍，持之以恒；愿意倾听任何人就公众利益提出的任何建议；公平行赏，不偏不倚；明白何时应当严格，何时应当宽容；遏制对年轻男子的同性之爱；他奉守通行的礼节，并不要求他的朝臣始终陪他共进晚餐或必须陪他出城，那些另有要务无法抽身的人，总会发现，他待他们一如往常；在议事的会议上，保持专注，刨根问底，切勿点到即止，在仓促间留下隐患；他用心维持友谊，从不过分迁就或偏袒对方；他是无所不通的全才，却对此不以为意；他深谋远虑，巨细靡遗地统摄全局，而不会失之琐碎；他在位时，禁止欢呼和各种形式的逢迎谄媚；他时刻留意帝国的需求，尽心管理帝国的财富，在这方面能容得下别人的批评；他对众神没有迷信的畏惧，也不做宣扬民粹和刻意讨好民众的事，而是凡事都有持重的定见，绝无庸俗或猎奇的品位。

---

① 指安东尼·庇护（Antoninus Pius），古罗马皇帝（138—161），在位期间，国家和平繁荣。他收养奥勒留作儿子，并在即位后，选定奥勒留为继承人。

那些能把生活变得更加舒适的事物——命运赐予他许多——他在享用时，并无骄矜或愧疚之意，因此对它们的存在，他没有视为理所当然，失去了它们，他也不会感到遗憾；绝不会有人说他装模作样或迂腐，只会说他具备成熟的智慧与经验，不会被奉迎所蒙蔽，有能力处理自己和他人的事务。

此外，他对真正的哲人赞赏有加——对其余那些，他也不曾出言苛责，不过他能轻易看透他们的真面目；他还爱好交际，有幽默感，流露得恰到好处；他合情合理地注意健康，既不曾枉费精力，亦不曾过度担忧，但也不会麻痹大意，因此很少寻医问药。

最重要的是，他能虚心听从有识之士的意见——无论对方长于文辞，还是精通律法或风俗等领域——他会主动加以扶持，让他们在各自的术业领域，成为公认的杰出之士。他的行为一贯合乎传统，但他并不将维护传统作为公开的目标提出；此外，他不喜欢变化和侥幸，总是习惯于老地方和老规矩；头痛发作过后，他总是很快就恢复过来，神采奕奕、精神饱满地忙起平时的事情；除了个别国事，他很少把什么事藏在心里，只让自己知道；在考虑举办演出、订立契约修建公共工程、救济民众、遗产分配等事务的时候，他看重的是合理和适度，着眼于必要的事务本身，而不是能博取何种声望。

他不是那种总在沐浴的人；也没有修建大宅的欲望；他对食物、布料和衣服的色彩，或者奴隶的年轻美貌，并不挑剔；他的衣服其实是从洛里乌姆①，他的乡间宅邸的所在地送来的；他在拉努维乌姆②的生活，也有好多细节可查；他的行事风格，从他如何处置承认错误的图斯库卢姆③收税官一事，便可见一斑。

他身上没有苛刻、残酷或冲动的地方，你从不会说他"惊出一身冷汗"；他有时间和精力把每件事都照顾周全，仿佛总有余暇——他总是从容不迫、有条不紊、精力充沛，

① 洛里乌姆（Lorium），安东尼·庇护皇帝成长和去世的地方，今意大利圭多堡。
② 拉努维乌姆（Lanuvium），安东尼·庇护皇帝的出生地，位于罗马城南。
③ 图斯库卢姆（Tusculum），意大利中部一古城，位于罗马附近。

从不自相矛盾。人们形容苏格拉底的话，也可以用在他身上：在许多人因为意志薄弱，无力自制，或者放纵无度的地方，他能把握好节制与享乐的分寸。

性情刚毅——随情况不同，有时表现为坚持，有时表现为克制——正是人精神完满、不可战胜的标志，正如马克西穆斯在生病期间所表现的那样。

17　感谢众神：让我拥有贤良的祖父母、贤良的父母、贤良的妹妹、贤良的老师、贤良的子女和亲朋——拥有了这些，几乎就拥有了一切；让我没有行差踏错，冒犯他们当中的任何一位，尽管以我这般性格，有时确有可能做出冒犯他们的事来——全靠众神的恩典，才没有给我暴露真实面目的机会。让我没有一直由祖父的情妇抚养，得以保全了纯真，将性爱的体验留到了恰当的时间，其实还稍有些迟。让我托身于统治者与父王之下，他帮我摒弃了所有骄傲自负的念头，引导我明白，居住在宫殿里，也可以不必配备护卫、盛装华服、大烛台、雕像，或诸如此类的奢华饰物，就算把身份降到跟庶民相差无几的地步，也不会因此在为公众利益而履行统治者的职责时，丧失尊贵和威严。

　　让我有幸得到一位兄弟①，他的品格激励我上进，他的尊敬和温情也是我的快乐源泉。让我的孩子生得既非心灵愚笨也无肢体畸形。让我没有在修辞学、诗歌和其他嗜好上，取得什么成就，倘若我觉得哪条路适合我，很可能会醉心其间不可自拔。让我很快就把我的诸位导师提拔起来担任公职，我认为这合乎他们的期望，而没有因为他们年纪轻轻，就只拿未来的许诺搪塞敷衍。让我认识了阿波洛尼奥斯、卢斯提库斯、马克西穆斯。

　　让我对何谓率性的生活，始终了然于心，因此，借助众神从那个世界传达的讯息，借助众神的帮助和指引，如今没有什么能阻止我过率性的生活：我之所以未能臻至这一境界，过错全在自己，是我未能觉察众神的提醒和指点。

　　让我的身体得以维持良久，至今不曾垮掉。让我从未碰

---

① 这位兄弟指的是卢修斯·维鲁斯（Lucius Verus），他与奥勒留一同被安东尼收养。在安东尼死后，二人共同执政，直到卢修斯病逝。

过贝妮迪克塔或狄奥多图斯①，让后来那场情欲的经历治愈了我。让我尽管常常为卢斯提库斯着恼，却从未做出让自己懊悔的事来。让我那注定早逝的母亲，在人生的末年有我陪伴在身旁。

让我每次想要扶危济困时，从未听说过银钱短缺；让我本人不曾陷入需要他人周济的困境。让我的妻子性情温顺、一往情深、情真意切，让我的孩子们不乏良师教导。

让我在梦中得到神助，尤其是学会了避免咯血和眩晕发作的方法；加埃塔②的神使也说："就如你现在这般吧。"让我尽管热爱哲学，却从未坠入诡辩家的彀中，或者把时间耗费在分析文学或逻辑上，我也从未耽于思考天象。凡此种种，都离不开"众神的帮助和命运的垂青"。

---

① 贝妮迪克塔 (Benedicta) 或狄奥多图斯 (Theodotus)，不知名，可能是安东尼王室的奴隶，也许和谁维持着异性恋或同性恋的性关系，没有尊严，不受尊敬。
② 加埃塔 (Caieta)，今名 Gaeta，罗马东南部的一处地名。

第二卷

只要你做每件事的时候，都把它当作人生中的最后一件事，你就能做到心无杂念：不会再找不到目标，不会再因为激情而违背理性的法则，不会再自我开脱，不会再自恋，不会再对命运的安排心怀不满。

作于格兰河畔的夸迪人中间①

1　清晨首先告诉自己：今天我会见到好管闲事、忘恩负义、好勇斗狠、背信弃义、心肠恶毒、性情乖僻的人。他们蒙受诸般苦恼，是因为他们不懂得明辨善恶。而我明白善者为佳，恶者为劣；我从反思中得知，冒犯我的人本性与我相差无几——并非血缘出身与我相近，而是拥有与我相同的心灵，同样残存的神性。因此他们谁也无法加害于我，因为他们谁也无法用自己的恶行使我堕落。我也不能对自己的同族动怒，或是记恨于他。我们生来便要合作，一如手足、眼睑、两排牙齿一般。因此相互抵牾有违本性：动怒或排斥就是这种情形。

2　我不论是什么，也不外是肉身、气息和起支配作用的心灵而已。鄙薄这副肉身吧——血液、骨骼，神经与血管组成的罗网与结构。也思考一下气息为何物吧：只是风而已——甚至并非恒久不变，而是总在吞进吐出。还有第三部分，起支配作用的心灵。丢下你的书本吧——别再满怀渴望了：你没有这方面的天分。不妨这样考虑，就当自己时日无多："你年事已高；别再让这起支配作用的心灵遭受奴役了——别再因为自私的冲动而身不由己，也别再为此时此刻惶惶不安，为未来的命运满腹疑虑了。"

3 众神的安排不乏深意。命运的安排不会与自然无涉，亦离不开天意司掌的诸多线索错落的编排。万般事物皆出自神界；除此以外的影响因素：必然性，以及整个宇宙的福祉，也是宇宙的组成部分。自然的每一部分，都会从整体的本性的产物，以及一切维持自然存续的事物中获益：宇宙秩序得以维持，既得益于诸般元素的变化，又得益于它们组成的物质的变化。但愿你会觉得，这样的认识已经足够，但愿它会成为你恒久的信条。放弃对书本的渴望吧，这样你在

---

① 格兰河(Gran)也作格拉努阿河(Granua)，今名 Graan，系多瑙河支流，位于德国东南。夸迪人 (Quadi) 是日耳曼部落，当时正与奥勒留的部队交战。

临终时才会无怨无悔，才会怀着对众神由衷的感激，体面地辞世。

4　记住，你已经耽搁了许久，众神几度宽限与你，你却坐失良机。如今，你应该认清自己隶属其中的宇宙，认清自己是司掌宇宙的主宰衍生之物：你的时间早已被划定了界限——倘若你不利用这段时间消除阴翳，它就会消逝得无影无踪，你也会随之消逝，良机一去不回。

5　每时每刻都要像罗马人，像男人那样，以饱满充沛的精力，留意手头的工作完成得如何，要有严谨的分析、不受外物影响的尊严、仁慈的同情心、无私的公正——还要摒除心中的杂念。只要你做每件事的时候，都把它当作人生中的最后一件事，你就能做到心无杂念：不会再找不到目标，不会再因为激情而违背理性的法则，不会再自我开脱，不会再自恋，不会再对命运的安排心怀不满。你会看到，人要平静地度过敬畏神明的一生，所需要的东西寥寥无几。众神对遵守这些规矩的人，也不会多作苛求。

6　伤害自己，我的灵魂啊，你是在伤害自己：你不会再有自尊自重的机会了。我们每个人的一生都只是短短一瞬，你的人生已经时日无多，而你还不自重，还将自己的幸福寄托在别人的灵魂上。

7　外物是否令你烦恼？那就给自己一些余暇，学习一些更好的东西，别再彷徨不定了。除了做到这一点，你还要警惕另一种游移不定。有些人虽生犹死，听凭每一股冲动的指引，没有确定的目标，更有甚者，每个念头都是胡思乱想，每句话都是胡言乱语。

8　琢磨不透别人的心思，不会被轻易视为不幸的缘由；但那些疏于体察自己心思的人，必然不幸。

9　要将这些时刻牢记在心：整体的本性是什么样，我自己的本性是什么样，这种本性与那种本性有何关系，它是怎样的整体怎样的一部分；没有谁能阻碍你按自己分属的那种本性说话与行事。

10　狄奥弗拉斯图①在比较罪过的深重程度，用哲学考

_____
① 狄奥弗拉斯图（Theophrastus），希腊哲学家、自然科学家，亚里士多德之后的逍遥派领袖。

察常人的区别时说，欲望引起的犯罪要比愤怒引发的犯罪来得严重：因为显然是某种痛苦和不由自主地发作，让恼怒的人放弃了理性，而因为欲望犯下罪行的人，屈从于享乐，他的恶行似乎更为放纵，更为软弱。然后，狄奥弗拉斯图像真正的哲学家那样，公正地指出，为享乐所惑的犯罪，比受痛苦影响的犯罪更值得谴责。通常说来，后者更像受到伤害的一方，为痛苦所激，不得不动怒；而前者作恶的冲动源于自身，是受了欲望的驱使。

11　你随时都有可能离开这场人生：你在做事、讲话或思考的时候，将这种可能谨记在心吧。倘若众神存在，那么离开人世便不足为惧：因为他们不会让你遭受任何伤害。倘若众神并不存在，或者他们对人类漠不关心，那么生活在一个没有众神，或没有神意的世界，对我来说，又算得了什么？　不过众神的确存在，他们也关怀人类：这种关怀明白无误地体现在他们赋予人类本领，让他们避免真正蒙受伤害。倘若还有其他祸患，他们也会做好预防，让人人都有能力不致坠入其中；如果某种事物不会把人变坏，又岂能把他的生活变坏呢？

整体的本性不会疏于体察，既不会对情况一无所知，亦不会纵然知情，却无力阻止和挽回。它也不会因为缺乏本领或能力，犯下如此大错，让福祸不加区分地落在善人与恶人身上。不错，生死、荣辱、苦乐、贫富——所有这些有好有坏，但它们本身无分是非对错：因此它们本身亦无善恶之分。

12 万物消逝得何其匆促，我们的肉身湮灭于尘世，记忆湮灭于时间；种种感官对象——尤其是那些用享乐诱惑我们，用痛苦恫吓我们，或者享受虚荣喝彩的事物——本质是何等低贱，何等可鄙、粗劣、速朽、了无生气啊：我们应当用理性来看待这些事物。不妨再深入思考一番：那些评说是非、褒贬毁誉之人，算得了什么？死亡为何物？单看死亡本身，运用心灵分析的能力，剔除与死亡有关的种种想象，就会得出结论：死亡不外是自然的一项机能——倘若有谁惧怕自然的机能，那他不过是稚童而已。死亡不仅是自然的机能，它对自然亦有助益。

再进一步：人如何与神联系？他是用自身的哪个部位，在何时，用何种手法与神联系的？

13　没有什么比在外四处走动，绕着一切兜圈——用品达罗斯①的话来说，就是"钻研到大地的内脏里"——寻找迹象和征兆，用来揣测邻居心思的人更加可怜。他不明白，只要专心侍奉内心的神性，就足够了。这份侍奉就是要保持它不被激情、琐事、对神与人所作所为的不满所玷污。众神的作为出自善意，理当尊敬。人的作为亦应接受，因为我们都是同类，不过他们有时也会让人心生怜悯，因为他们不懂得分辨是非善恶：这种缺陷跟无法区分光明与黑暗一样严重。

14　就算你能活三千年，或十倍之久，也要记得，任何人失去的也只是他度过的人生，或者说，任何人度过的也只是他失去的人生。由此可知，再长的人生和再短的人生并无不同。此时此刻的长度，对所有人都是一样；因此行将逝去

---

① 品达罗斯 (Pindar，希腊语名 Pindaros)，一译"品达"，古希腊抒情诗人，生于希腊中部维奥蒂亚一贵族家庭，自幼在雅典接受教育，创作合唱形式的抒情诗十七卷，以高雅的风格和对宗教深厚的感情著称。

的，也没有孰长孰短的分别；因此失去的不过是极小的瞬间。没有谁能失去过去或未来——并未拥有的东西，又怎么会被夺走呢？

因此，以下两点要时刻谨记。其一，万物亘古如常，循环往复，因此将同样的事物观看一百年，二百年，还是永生永世，并无分别。其二，长寿与早逝，蒙受的损失并无不同。双方被剥夺的，都只是此时此刻而已：倘若此时此刻便是他拥有的全部，那他其实并未拥有什么，也不可能失去什么。

15 "万般如是，皆因人的看法如是。"对犬儒学派的摩尼穆斯①的反驳足够明白了：不过，在这句话为真的范围内，只要取其精华，那他的格言显然不乏价值。

16 人的灵魂在（尽力）变成孤立的囊肿，变成宇宙的某种毒瘤时，对自身的戕害最为严重：对发生的任何事怀恨在心，都是自我隔绝，背离了包容万物本性的自然。其次便

---

① 摩尼穆斯（Monimus），犬儒学派的代表人物之一。下文所说的反驳，指"这也只是你的看法如是（不代表真实情况的确如此）"。

是灵魂厌弃疏离另一个人的时候，或者敌意发展到存心加害的地步的时候——那些灵魂被愤怒攫住的人便是这种情形。再次便是灵魂向享乐或痛苦屈服的时候，也会伤及自身。第四，就是它虚与委蛇，言行伪诈的时候。第五，就是它未能引导自己的行动或冲动去达成目标，而是掉以轻心，肆意妄为的时候——然而只要事关终极目标，哪怕是琐屑小事，亦应亲力亲为。理性造物的终极目标，便是服从宇宙的理性和规则，宇宙是城邦最古老神圣的原型。

17　在人的一生中，他的时间转瞬即逝，他的存在变动不居，他的观察模糊不清，他的整个肉身都会衰朽，他的心智回转不休，他的命运殊难预料，他的名声真伪难辨。简而言之：肉身的一切皆如河水般逝去，心灵的一切恍如梦幻；人生有如战争，有如游历异乡；唯一长存的名声也会被人遗忘。

那么，什么能护送我们前行呢？只有一样东西：哲学。要维护好我们内心的神性，使之免受伤害，要克制享乐和痛苦，不做没有目标、有失真诚、有违道义的事，不受别人的行为或失败的影响。此外还要接受发生的一切，分配给自己的一切，仿佛它们与自己系出同源：时刻以这般愉悦的信心等待死亡，确信死亡不外是组成每个生灵的元素解体而已。既然这些不断彼此变换的元素自身并不感到恐惧，人又何必为它们变化和分解的前景感到忧虑不安呢？死亡是合乎自然的，凡是合乎自然的，都没有害处。

第三卷

倩若你从人类的生活中，发现了比正义、真理、克己、勇气更美好的东西——简而言之，比让你始终按真理行事、让你接受不容选择的命运的内心自足还要美好：如我所说，倩若你能找到比这更美好的东西，那就全心全意地接纳它，享受你发现的这般美好吧。

作于卡农图姆[①]

1　我们不仅应该想到，生命在日复一日地消耗，余下的光阴越来越少，还应该进一步考虑到：哪怕我们的寿命再长，也无法保证我们的心灵依旧保有理解和探究这个世界的能力，正是这种能力增加了我们在神明与人类事务方面的阅历。倘若年老昏聩，纵然呼吸、进食、想象和欲望这些功能尚不致失灵，但活动如常、对任务轻重缓急的准确估计、对种种印象加以分析的本领、对自己是否已经大限将至的判断——凡此种种全然离不开精打细算的事务，都会先行荒废。因此我们一定要有紧迫感，不光是因为死亡日渐临近，还因为我们对这个世界的理解，还有我们专心致志的能力，都会提早衰退。

2　我们还应当留心这些事物，注意到即使自然进程附带产生的效果，也自有其魅力和迷人之处。就拿烤面包来说吧。面包会四处绽出裂缝，这些裂缝在某种程度上可说是面包师的失职，却不知何故，相当引人注目，叫人胃口大开。无花果熟透之后也会爆开。树上成熟的橄榄快要烂掉的时候，也会平添一份特殊的美。类似的还有低垂的谷穗，狮子皱起的前额，野猪流出的口沫等——单独来看，这些东西远远称不上惹人喜爱，但它们在自然进程中的价值，为它们平添魅力。因此对整体的安排有深切体认的人，几乎能从其中的每一项布置，包括附带而为的结果中，找到赏心悦目之处。这样的人从野生动物的咆哮中领略到的乐趣，不亚于从画家和雕塑家惟妙惟肖的描绘中领略到的；他会从老年男女身上看出某种成熟和清新之美；他能用清醒的眼神看待自家少年男仆的诱人魅力。这样的信念并非人人都有——只有对自然及其安排真正感到亲切的人才有。对他来说，这样的所见所感比比皆是。

----

① 卡农图姆（Carnuntum），城市名，原为古罗马军营所在地，位于今维也纳城东。

3　希波克拉底①治愈了许多疾病，后来本人也抱病身亡。迦勒底②的占星家们预言了许多人的死去，后来他们也魂归天外。亚历山大③、庞培、尤利乌斯·凯撒④屡次荡平一座座城池，在战场屠杀数以万计的战马和步兵，但他们亦有寿终之时。赫拉克利特总觉得宇宙会燃起大火，却罹患腹水、牛粪涂身而死。毒药害死了德谟克利特，另一种毒药害死了苏格拉底⑤。这说明什么？　你登上船，扬帆起航，驶入港口。现在上岸吧。倘若还有来生，那么一切自有众神安排，到了岸上也是一样；倘若失去了一切知觉，就不必再受苦乐的支配，不必再受肉身的奴役，肉身这个主人有多卑劣，它的仆人就有多崇高。一个是心灵和神性；另一个是泥土和鲜血。

---

① 希波克拉底 (Hippocrates)，古希腊伯里克利时代的医生，他将医学发展成为一门独立的学科，因此后世普遍将他视为医学的创始人。
② 迦勒底 (Chaldea)，指的是古巴比伦王国南部一地区。
③ 亚历山大 (Alexander)，即亚历山大大帝 (前356—前323)，马其顿国王，世界古代史上著名的军事家和政治家。
④ 并列提到的庞培 (Pompey) 和凯撒 (Julius Caesar)，古罗马以骁勇善战出名的军事家。
⑤ 赫拉克利特 (Heraclitus)、德谟克利特 (Democritus) 和苏格拉底 (Socrates)，古希腊著名的哲学家。

4 不要荒废余生，在思考公众福祉之外琢磨他人。为什么不给自己留些时间，做些别的事呢？我的意思是，琢磨某人的言行或所思所想之类的事情，会让你分心他顾，不再密切留意自己起支配作用的心灵。

你要在联翩的思绪中，避开所有的漫不经心和漫无目的，尤其要避免窥探的欲望和恶毒的心思。训练自己只思考适宜的念头，以便别人突然问你："你方才在想什么？"那你无论在想什么，都可以立刻直言相告：你的回答可以直接证实，你所有的念头都是坦诚而仁慈的，是城邦成员的念头，你所属意的，并非享乐或放纵的幻想，并非对抗、恶意、猜忌，或任何羞于承认的内容。

这样的人，只要不稽延时日，早早跻身贤者之列，便可充当众神的司祭和使者。他回应了内心的神性，这让他免遭享乐的玷污，不受痛苦的伤害，没有被恶行殃及，不起任何的邪念；犹如夺取最高奖赏的力士，不为任何激情所左右；一身凛然正气，欣然接受上天分配的所有际遇；只有在迫切需要为公众福祉着想的时候，才对别人的言行或想法感到好奇。他有自己的工作需要完成，始终关注的只有他本人从整体那里分得的命运。他将工作完成得十分出色；他相信命运的良善。每个人分得的命运，既是他自己的车夫，也是与他同车的乘客。

他也记得，所有理性的动物都是自己的同类，关怀所有的人合乎人的本性：不过尽管如此，他也不会听从所有人的意见，而只会听从那些遵从本性生活的人的想法。他会经常提醒自己，那些不照此生活的人究竟是什么样——他们在家和出门在外是什么样，白天和夜里各是什么样，他们结交了什么样的狐朋狗友。这些人连让他们自己满意都做不到——因此哪怕这些人对他称赞有加，他也不以为意。

5　行事切忌违背本意、自私自利、黑白不分，亦不可抱有自相矛盾的动机。不要用巧妙的文饰修饰自己的想法；不要喋喋不休、多管闲事。此外，要让你心中的神灵捍卫你的存在——一名年事已高的成熟男子、一名领袖、一名罗马人、一位统治者：对待自己的权位，就像战士等待舍身杀敌的号角响起一般，随时做好离去的准备，无需任何忠诚的誓言或他人的见证。认清这一点，你就会保持愉悦的心态，保持自我的独立，无需借助外部的帮助和他人给予的安宁。站得正立得直是你的本分——无需他人扶持。

6 倘若你从人类的生活中，发现了比正义、真理、克己、勇气更美好的东西——简而言之，比让你始终按真理行事、让你接受不容选择的命运的内心自足还要美好：如我所说，倘若你能找到比这更美好的东西，那就全心全意地接纳它，享受你发现的这般美好吧。不过倘若你并未找到比心中的神灵更美好的东西——是他克制了你所有的冲动，检点你的思想，像苏格拉底常说的那样，让你远离各种感官的刺激，让你敬畏众神，关照臣民——倘若你发现，其他种种与之相比，统统微不足道，那就别再贪恋他物了：一旦你转投其他，再要寻回这份非你莫属的善，恢复它至高无上的位置，就得经历一番苦苦拼搏才行。因为隶属其他等级的任何事物，例如众人的称赞、权力、财富，或者享乐的愉悦，不可能与理性的、城邦的善相提并论。以上种种，或许短时间内尚且能让人称心如意，不过它们很快便会将你牢牢掌控，裹挟而去。所以我说，你要择善而从，持之以恒。"善乃是有利之物。"倘若它利于理性，那就接纳它吧；倘若它利于兽性，那就拒绝它吧，固守你的判断，无需炫耀。只是细加分辨时，务必做到审慎严密。

7　凡所种种，若是逼你在信念上做出妥协，置礼义廉耻于不顾，憎恨、猜忌、诅咒他人，虚与委蛇，对墙垣帷幔遮掩之物心生觊觎，则切勿视为于己有利。将自己的心灵与神性看得最重，崇拜内心至高神灵的人，生活波澜不惊，不会扼腕叹息，不会对独处或人群心生渴望：最重要的是，他的人生既非汲汲营营，亦非躲躲闪闪，他毫不在意，这副寄存灵魂的躯壳能保留多久。哪怕大限近在眼前，他也视死如归，就像做别的事一样踏实得体。终其一生，他唯一留心提防的，就是不让自己的思想偏离理性人与城邦人的身份。

8　在高洁之士的心灵中，找不到隐蔽的流脓、溃烂、作痛的疮口。在他的人生圆满达成之前，命运不会将他带走，正如演员不会在演完自己的戏份之前，在剧终之前退场一样。此外，你会发现他不卑不亢，既不依附于人，亦不拒人千里，他行事光明磊落，无可指摘。

9　尊重你的判断力。对判断力的充分尊重，可以确保你起支配作用的心灵，不致做出有悖理性人本性和品格的判断。这种心态可以保证你深思熟虑，待人和善，敬畏神明。

10　所以只要把握好以上几点，其他皆不足虑。还要提醒自己，我们每个人都只是活在此时此刻这个短暂的瞬间：其余皆是过往或无法预料的未来。当然，人生微不足道，我们度过一生的地方，亦不过是人间一隅：哪怕身后的名声再长久，也同样不足为道，它依靠朝生暮死的渺小人物世代传播，他们对自己都不甚了解，更遑论作古已久的前人。

11　就以上戒条补充一点。对呈现在你心灵中的事物，始终加以定义或描述，以便看透其整体与各个部分的本质，认清它的真实面貌，恰当地说出它的名字，以及汇聚在一起组成它，它还会分解还原成的各种元素的名字。

没什么比这种能力，更有助于提升心性：将我们人生经验的每种要素，付诸系统而真诚的审视，同时始终运用这样的审视，来反思宇宙的本质，某个行为或某件事给这一本质带来何种裨益，它对整体有何价值，它对人有何价值——而人是这座最高城邦的居民，其他城邦只是它的屋宇房舍而已。

还要自问：眼下给我留下印象的乃是何物？它由何种成分构成？它究竟能持续多久？要以何种品德来面对它——比如，是温和，还是勇气、真诚、忠实、朴实、自足等？因此无论遇上何种情况，我们都应当说：这是神的安排；这是命运的错落交织，或是某种类似的机缘巧合；做出这件事的，是我的同胞、同族和同伴，不过他并不知道，何种行为合乎他的本性。但我是知道的：因此我要仁慈、公正地对待他，顺应同伴情谊的自然法则，不过与此同时，在无关道德的问题上，我要做到不偏不倚，赏罚分明。

12　如果你能遵循真理，以十足的决心、精力和善意，投入手头的工作；如果你心无旁骛，立场坚定，保持内心神性的纯洁，就像马上便要将它交还一般；如果你能持之以恒，无所期待，无所避忌，满足于按照本性来行事，言语和意愿不失无畏的真诚——那你就能过上美满的生活。无人能够阻止。

13　正如医生手头时常备有器械刀具，以便实施急救，你的行事准则也应该时常接受神与人的检视，在做每件事，哪怕是最微不足道的事时，都要清醒地意识到，连接神与人的纽带是存在的。若非依靠神，人无以成事，反之亦然。

14　别再游移不定了。你不大可能读到你自己的备忘短笺，还有你撰写的古希腊和古罗马人的历史记录，你从文学作品中摘录下来供自己年老之后阅读的内容了。那就尽快赶往终点，舍弃无用的希望，如果你多少还关心自己，那就趁眼下还来得及，挽救自己吧。

15　人们并不清楚偷窃、播种、购物、缄默、认清何事当为，所有这一切意味着什么——这不是肉眼所能看到的，需要借助另一种眼光来分辨。

16　肉体、灵魂、思想。感觉属于肉体，冲动属于灵魂，审慎的判断属于心灵。家畜亦有感觉；野兽、娈童、法拉里斯①或尼禄②，亦像受制于丝线的傀儡一般，为冲动所

---

① 法拉里斯（Phalaris），古希腊阿克拉加斯建城后的僭主。
② 尼禄（Nero），古罗马皇帝（54—68），历史上著名的暴君，他因屠杀基督教徒、荒淫无度而臭名昭著。

操控；那些不信神的人，那些叛国的人，那些闭门作恶的人，也能以心灵充当向导，采取看似恰当的行动。

因此，既然其他种种为上述各色人等所共有，由此可见，良善之士的关键特征，就在于喜爱并接受命运为他安排的一切；不去玷污内心的神性，不用大批困惑的意念去烦扰它，而要维护它一贯的纯善，忠心事神，只说真话，只做善事。

如果所有人都不相信，他过的是俭朴、得体、欢愉的生活，他既不跟他们当中的任何人争辩，也不会偏离通向人生最终目标的道路：要实现这一目标，他必须变得纯粹，心平气和，视死如归，与命运心甘情愿地达成和谐。

第四卷

在内心世界,你只需坚持少许重要的原则,它们能轻易消除你所有的痛苦,它们将你送回你必须面对的事物时,你心里不会再有丝毫的怨恨。

1　我们心中起支配作用的力量只要合乎自然，就能顺应环境，就始终都能轻松适应实际的问题和既定的事件。它在运行时，无需借助特殊的材质，而是根据情况，采取灵活的手段实现目标，将一切障碍化为己用。一如火焰将落入火中的东西征服一般。小火可以扑灭，但明亮的火焰很快就会把堆在火上的东西全盘占据，彻底吞噬，火会烧得更高。

2　做事切忌漫无目的，亦不可违背合乎处世之道的准则。

3　人们常常寻求归隐——寄身郊野、海滨、山间——你本人对此也满怀渴望。但这完全违背哲理，因为你随时都可以退避到自己的内心世界。没有哪一处隐居之地胜过人的内心，能给人带来更多的安宁与休憩，尤其是当他沉浸在思绪之中的时候，他马上就能彻底放松下来：我所说的放松，指的就是有条不紊地生活。所以，让自己经常退避到内心世界吧，恢复自己的元气吧。在内心世界，你只需坚持少许重要的原则，它们能轻易消除你所有的痛苦，使你无怨无悔地回到应尽的责任中去。

你所怨恨的，又是什么呢？人的邪恶？回想一下这个结论吧，理性的动物生来便要互相依存，忍耐是公义的一部分，行差踏错并非人的本意。想想看，有多少人毕生是在仇视、猜忌、憎恨、公开交战中度过，然后变成了待埋的尸首，或者灰飞烟灭。既然如此，就停止憎恨吧。或者，你对自己从整体中分到的部分感到不满？回顾一下这两种非此即彼的主张吧——一切要么缘于神意，要么缘于原子——回顾一下表明宇宙有如城邦的诸多迹象吧。肉体的病痛还缠着你不放？想想看，心灵一旦抽离出来，认清自己划定边界的能力，它就不会再与肉体的精气发生接触，不论后者是顺畅的，还是混乱的；最后再想想，关于痛苦与欢乐，你听过和赞同过的所有说法是怎样的。

那么些许名望是否令你不安？看看这个世界的遗忘来得有多快吧，看看时间在你生前身后留下的无尽深渊吧，看看溢美之词是何等空洞，支持你的人是何等反复无常，所有这一切又是何等微不足道。整个世界只是宇宙里的一个点而已：你的居所又是何等细微的一道缝隙，在这里歌颂你的人又有多少，他们又是些什么样的人呢！

最后，记住，还是退避到你小小的内心世界吧。最重要的是，不要感到痛苦，也不要紧张不安。做你自己的主人，像男人、人类、公民和终有一死的造物那样看待事物吧。有两种不难企及、不无裨益的观念，不妨稍加思考。一是事物无法触及心灵：它们是怠惰的身外之物；种种焦虑，只是源自你内心的判断。二是你所见的种种，几乎在你观看的时候，就已经在发生变化，之后它们就无复旧观了。始终牢记，你所拥有的一切已经在变化了。宇宙即变化，人生即观感。

4 既然心智为我们所共有，那么理性同样为我们所共有——正是理性让我们成为了理性的存在。既然如此，那么命令我们何事当为何事不当为的理性，同样为我们所共有。既然如此，那么法律同样为我们所共有。既然如此，那我们便是公民了。既然如此，那城邦便为我们所共有。既然如此，那宇宙便有如某种城邦。有谁能说，除了宇宙，还有别的什么共同体，为全人类所共有呢？

因此，我们正是从这个共同的城邦，获得了我们的心智、我们的理性、我们的法律——还会是从别的什么地方吗？ 正如我身上土质的部分源于泥土，水质的部分源于后一种元素，我的呼吸另有来源，火爆的部分亦有出处（因为没有什么是从虚无中产生，亦没有什么能归于虚无）——因此心智亦有其来源。

5　死就像生，是一种自然之谜：同样的元素成分先是聚合，而后分解。死当然并不可耻：因为对理性的存在来说，死并未违背秩序，亦未违背其自身构造的原理。

6　是什么样的人，就会做出什么样的事，这是自然而然和在所难免的——如果你希望结果不是这样，无异于希望无花果树不要生出汁液。无论如何都要记住，你和他很快都会死去，再过不久，就连你们的名字都不会再有人提起。

7　抛开你的评判，你就抛开了"我受了伤害"的念头；抛开"我受了伤害"的念头，也就抛开了伤害本身。

8　不能让一个人变坏的事物，也不会把他的生活变坏：它无法从内部或外部给他带来伤害。

9　本性为善，必行善事。

10　"世间万事都是对的。"仔细琢磨这句谚语，你会发现，情况的确如此。我所说的"对"，不是单就因果而言，而是"合理"的意思——就像有位仲裁者在赏善罚恶一般。因此，继续留意这一点吧，在做任何事的时候，都要做一个好人，要明确抱有做"好人"的想法。做每件事的时候，都要坚持这一点。

11　倘若别人对你做了错事，那你评判是非时，可别跟他的见解一样，也别按他想让你抱有的见解来。要如实地看清事物的本来面目。

12　随时准备践行以下两条原则。首先，为了人类的利益，只做王权和司法权内在的理性要求你做到的事。其次，如果有人纠正你、指引你，让你远离某种观念，那就改变你的立场吧。不过这种改变的基础，一定得是对公义和公共利益的确信不疑：你在选择路线时，也要照此办理，不要只去追求表面上的满足或美名。

13　"你有理性吗？""我有。""那为什么不运用它呢？除了让理性发挥作用，你还想要什么呢？"

14　你是作为整体的部分而存在。你还会消泯于产生你的整体之中；或者确切地说，你会发生变化，被吸收到宇宙造物的定律之中。

15　就像同一座祭坛上的许多香灰。有的先落，有的后落，它们并无分别。

16　不出十天，那些如今将你视为野兽或狒狒的人，就会将你奉若神明——只要你能重新讲求原则，信奉理性。

17　不，你不可能千秋万载地活下去。时不我待。趁你还活着，趁你还有这份能力，做个好人吧。

18　不去观察邻居的言行想法，只是留心自己的一举一动，让它们合乎正道、可钦可敬、饱含善意，那你的心灵会多么轻松自在啊！因此，别去窥看左右两边的邪恶品性，而要依循正道而行，不要摇摆不定。

19　为自己身后的美名感到烦扰的人，想象不到所有记得他的人很快都会死去——他本人也是一样。然后同样的事也会发生在他们的子孙后代身上，最终，人们对他的记忆，会像相继熄灭的灯火般消失殆尽。不过就算记得你的那些人长生不老，记忆长存，纵然如此，与你又有何干？我不只是说，名声对逝者来说毫无意义，而是说，名声对生者来说也是一样，收获赞美，除了在施行统治这方面能派上实际的用场，还有什么意义？你若执迷不悟，就会错失自然的馈赠，这份馈赠不会因为旁人的言语而改变。因此……

20　举凡美好的事物，自身便拥有内在而自足的美质，赞美并非它的组成部分。无论如何，赞美都不会把任何事变得更好或更糟。这一点对通俗意义上的美好事物，例如物件或艺术品，也同样适用。因此，真正美好的事物除了自身，还需要什么吗？不需要，就像法律、真理、善或正直一样不需要。这些当中，有哪一样的美是源自赞美，或者会因为批评而衰微呢？祖母绿若是得不到称赞，它的质地会不会受损？黄金、象牙、紫袍、七弦琴、匕首、花朵、灌木呢？

21 你也许会问，如果灵魂不灭，大气又是如何从时间伊始，将它们悉数容纳的？那么，大地又是如何在同样漫长的岁月里，容纳所有下葬的尸身呢？正如尸体在大地里经过一段时间，便会腐化分解，为其他尸体腾出位置，转移到大气之中的灵魂也是一样。它们维持一段时间，便融化分解，燃烧起来，融入整体化生万物的成分之中：它们便是如此这般，为后来的住客腾出空间。这就是对灵魂不灭这一假说的回答。

不过，我们不只应该考虑入土安葬的诸多尸首，还应当考虑到我们和其他造物每天吃掉的诸多动物——它们为数众多，被以它们为食的生灵所消灭，在某种意义上也可以说，它们葬身于这些生灵体内。但它们仍有容身之地，因为它们分解成了血水，变成了气与火这样的元素。

该如何研究其中的真理呢？应该将物质和因果区分

开来。

22　不要彷徨不定。在每一股冲动中，厘清是非对错；在每一个念头中，坚守确切无疑之事。

23　宇宙啊，你的和谐就是我的和谐：对你来说适逢其时的事物，对我来说，亦不会发生得太早或太迟。自然啊，你的四季带来的一切，对我来说都是果实：一切从你而来，在你那里存在，回到你那里去。诗人说"亲爱的刻克洛普斯①之城"；你为什么不说"亲爱的宙斯之城呢"？

24　"如果你想活得快乐，"德谟克利特说，"就少做事。"只做必要的事，只做天生属于城邦之人的理性要求做到的事，并且按照理性的要求去做，岂不更好？ 这样既能享受行事稳妥的快乐，又能享受到闲暇之乐。我们的言行大多并无必要；摆脱冗赘多余的事，你就会有更多的时间，心中的烦扰也会减轻。因此人应当时时提醒自己："此事是否确有必要？"不仅应当取消非必要的行为，还应该打消不必要的想法： 这样就不会再有多余的事纷至沓来。

---

① 刻克洛普斯 (Cecrops)，半龙半人，雅典创建者，阿提卡第一任国王。

25 试着过一过好人的生活吧——好人满足于自己从整体那里分得的东西，满足于自己正当的行为和仁慈的性情。

26 你已经认清了那一点，现在再看这一点。不要让自己烦恼不安，要保持内心的单纯。有人做了错事？那他错待的是他自己。你遇上了某件事？没关系。所有发生的事，都是整体从一开始就安排好的，是从你本人的命运中提取出来的。总之，人生短暂：应当抱着正当的理性和公正的态度，只争朝夕。保持清醒，保持放松。

27 宇宙要么井然有序，要么纷繁复杂，却依然暗含秩序。若非如此，整体混乱无序的话，你心中那套隐秘的秩序又岂能维持？何况尽管万物迥然相异，它们依然彼此渗透，彼此呼应。

28 邪恶的品格，柔弱而固执的品格，残忍或愚蠢之徒的品格：幼稚、愚笨、虚伪、粗俗、贪婪、暴虐。

29 如果某人并不了解宇宙中都有什么，那他便与外人无异，如果他不了解宇宙中发生的事，那他也与外人无异。如果他逃避社会的准则，那他便形同逃犯；如果他闭上心灵的眼睛，那他便形同盲人；如果他仰赖他人，而不是毕生所需皆备于心，那他便形同乞丐；如果他对自己的命运感到不满（因为正是自然生成了命运，正如自然让你来到世间一般），躲到一旁，脱离共通的人性，那他便形同宇宙的毒瘤；如果他将自己的灵魂，从所有理性存在合为一体的灵魂中分裂出来，那他便是畸零人。

30　有位哲人没有汗衫，还有一位没有书本。还有一位半裸着身子，"我没有面包，"他说，"但我忠于理性。"而我拥有全部知识的食粮，却不忠于理性。

31　要热爱你习得的技艺，从中获得慰藉。在余生中，将自己诚心诚意地完全奉献给众神吧，绝不要充当任何人的暴君或奴隶。

32　就以韦斯巴芗^①的时代为例，来思考一下吧。你会看到，一切并无不同。人们结婚、生子、患病、死亡、争斗、饮宴、经商、务农、谄媚、竭力争取、猜疑、密谋、祈求他人死去、怨天尤人、陷入爱河、积攒财富、渴

---

①　韦斯巴芗（Vespasian），古罗马皇帝（69—79）。

望获得执政官的职位和王位。如今，他们的生命早已消逝殆尽。

再看图拉真①的时代。同样，一切并未不同。那个生命也已经消逝。

同样，再看看其他的时代和各国的历史吧，看看有多少人苦苦拼搏，很快便倒地死去，化作尘埃。先回顾一下你亲眼见过的那些人吧，他们徒劳地抗争，不肯按天性构成行事，不愿牢牢保持它，不认为它足够受用。因此，你要切记，对每件事的关注要适可而止——这样，只要你不在无关宏旨的事上投入太多时间，就不会感到沮丧。

33　古人常用的词语，如今已然废弃。旧时显赫的声名，也会湮没无闻——卡米卢斯②、凯索、沃来苏斯、丹塔图斯，还有比他们稍晚一些的西庇阿③和加图、奥古斯

① 图拉真（Trajan），罗马帝国安东尼王朝的皇帝（98—117）。
② 卡米卢斯（Camillus），古罗马将军，毕生征战，屡建功绩，曾六度担任行使执政官权力的军团长、五度担任独裁官。
③ 西庇阿（Scipio），此处可能指大西庇阿（约前236—前184），古罗马统帅，前205年任执政官，后又任监察官、执政官等职。

都①、哈德良②和安东尼③，莫不如此。万事万物都会销声匿迹，很快便沦为虚妄，被人彻底遗忘。况且我说的还是一度彪炳煊赫的人物：换作别人，一旦咽气，很快就"销声匿迹，不为人知"了。不过话说回来，就算永志不忘又能如何？根本毫无意义。

那么，人应当把什么当成奋斗目标呢？只有一个，那就是端正的思想、有益公众的行为、诚实无伪的言辞，欣然接受发生的一切，将它们视为在所难免与可以理解的，源于同样可以理解的源头。

34 将自己欣然交给克洛索④吧：让她凭自己的意愿，将你的命运之线编进任意一张罗网里。

35 记忆与记忆的对象，两者都转瞬即逝。

36 要始终留意那些因变化而生的事物，要让自己习惯

---

① 奥古斯都（Augustus），古罗马帝国第一代皇帝（前27—14），原名屋大维，公元前27年迫使元老院给以"奥古斯都"称号。
② 哈德良（Hadrian），古罗马皇帝（117—138），生于西班牙，从军随图拉真转战各地。图拉真死后，被军队拥立为帝。
③ 安东尼（Antoninus），指前文第一卷中出现的奥勒留的养父——安东尼·庇护皇帝，后文第六卷中也有提及。
④ 克洛索（Clotho），希腊神话中纺织命运之线的女神。

这一想法：整体的本性最爱做的，便是将一种存在形式转变成另一种，后者与前者虽然相似，却是新的存在。从某种意义上来说，存在的一切都是后续事物的种子，你认为"种子"只是放入大地或子宫的东西——这样想未免太没有哲学眼光了。

37　你大限将至，可你还没有做到头脑清醒，不受困扰，无惧外在的伤害，待人和蔼，确信公正行事才是唯一的明智之举。

38　看一看主宰人们的意念吧：看看哪些东西，就连智者也要回避，或者追求。

39　你眼中的危害，并不在支配他人心灵的意念之中，也不在环境的任何变化之中。那它存在于何处？在你体内判定有害的那个部位里。所以只要不做这样的判断，就万事大吉了。哪怕与之相邻的部分，你的躯体，受到刀割火烧，伤口化脓坏死，即便如此，你体内判断这类事情的那份本领也应当保持平静。就是说，它不该评价孰好孰坏，这些事既有可能发生在坏人身上，也同样有可能发生在好人身上：既然不论人的生活是否合乎自然，都有可能遭遇这些事，那么这些遭遇本身也就无所谓合乎自然之道还是违背自然之道了。

40 始终把宇宙当作既有形体也有灵魂的生物来看待：思考万物如何融入它的意识；单一的冲动如何支配它所有的行为；万物对发生的一切，是如何配合的；它是怎样一张纵横交错的罗网。

41 正如爱比克泰德常说的那样，人就是背负着躯壳的灵魂。

42 变化：其过程中，不存在固有的恶；其结果中，不存在固有的善。

43 有一条造物之河，时间便是其汹涌的水流。某个事物刚刚进入视野，就被冲走了，另一样事物又沿河而下：它也会被席卷而去。

44 所有发生的事，都像春华秋实一般，让人习以为常。疾病、死亡、污蔑和阴谋——还有让愚人欢喜或痛苦的种种，都是一样。

45 后来发生的事，跟先前发生的事，总是密切相关。两者并非迥异之事的简单并存，也不是光有先来后到的分别，而是存在着理性的联系：正如现存的事物彼此和谐地联系在一起，事情承前继后的顺序，不单呈现出连续性，还呈现出奇妙的内在关联性。

46 永远不要忘记赫拉克利特的话："土灭水生；水灭气生；气灭火生，循环往复。"还要记住他对那个忘记归途的人所作的描绘；他说人们总跟他们最密切的伙伴——统治一切的理性——发生分歧；他说平常之事也会让人们感到惊异；我们的言行决不能像睡梦中的言行那么迷乱和谵妄；我们不应该像子女听从父母之言那样，单纯地听信人言。

47 比如说，某尊神告诉你，你明天就会死去，或者，最晚会在后天死去，你会觉得，一日之差无关紧要，除非你是彻头彻尾的懦夫（这段时间算得了什么呢）；所以，不论是多年之后死去，还是明天死去，你也应该觉得两者差别不大才对。

48 时常想想，有多少医生曾望着病人愁眉不展，后来自己也死去了；有多少占星家曾郑重其事地预言别人的死亡，后来自己也死去了；有多少哲人曾没完没了地思考死亡或不朽，后来自己也死去了；有多少英雄曾杀敌无数，后来自己也死去了；有多少暴君曾运用手中的权柄，摆出可怕的傲慢姿态，草菅人命，仿佛他们能永垂不朽，后来他们也死去了。想想有多少城市已经消亡——海利斯、庞贝、赫库兰尼姆①，还有很多，数不胜数。再想想你认识的那些人，他们也一个接一个地死去了：一个参加完朋友的葬礼，自己也故去了，然后又走了一个——这一切都发生在很短的时间里。由此可以得出什么结论？你应当看清人生的短暂和卑微。昨天还是一摊精液，明天就化作干尸或飞灰了。

所以人度过这段短暂的时光时，应当顺应自然，最后欣然离去，就像橄榄熟透以后，就会掉在地上，对滋养它的大地送上祝福，对让它成长起来的树木满怀感激。

49　要像稳若磐石的海岬一般，听任海浪撞击，屹立不

---

① 赫库兰尼姆 (Herculaneum)，意大利那不勒斯附近的一座古城。公元 79 年维苏威火山爆发时同古城庞贝一起被毁。

动，四周翻滚的波涛便会归于沉寂。

"遇上这样的事，是我运气不好。"不，你应该说："我运气不坏，尽管遇上这样的事，我依然经受得住，并不感到痛苦，既没被此时此刻压垮，也没有对未来心生畏惧。"因为这样的事可能发生在任何人身上，但并非每个人都能经受得住，不觉得痛苦。所以何必认为此事不幸居多，而不认为你能经受得住，本身就是幸运呢？或者笼统地讲，你会把没有背离人性的事称作不幸吗？你会把与人性的目标并不相悖的事，说成是背离人性的吗？

这就是了。你已经知晓了人性的目标。这件事里可曾有什么地方，能妨碍你公正、高尚、克己、明智、审慎、诚实、高贵、自由吗——或者能妨碍其他令人性趋于完善的品性吗？所以不论今后发生了什么，哪怕发生了教人悲伤的事，也要秉持这样一条信念："没有什么不幸。能够毫不动摇地背负，本身就是幸运。"

50 有一种方法，虽然没有多少哲理性，不过也能帮我们恰如其分地看待死亡，那就是审视一下长寿之人的名单。

比起早夭之人，他们赚到了什么？ 不管怎么说，如今他们也都入土了——卡狄基阿努斯、法比乌斯、尤利安努斯、莱皮杜斯，还有所有像他们一样，参加过许多场葬礼，后来也下葬入土的人。其实，我们必须走过的路途十分短暂：我们囿于这样虚弱无力的身躯，走得辛辛苦苦，没有像样的陪伴。所以活着算不上什么福祉。看看你身后那道时间的深渊，再看看前面无尽的时光。身处这般境地，只活三天的婴孩，跟寿比三代的老者又有什么分别？

51　永远取近道而行，自然之途便是近道。然后，一言一行都要健康向上。只要树立了这般决心，便可免受劳苦，无须操纵他人，无须炫耀招摇。

第五卷

　　对宇宙中至高无上的力量心怀敬畏吧：是它运用万物，指引着万物。不过也要敬畏你心中至高无上的力量，这种力量跟那种力量十分相似。它也在你的心中运用着其他一切，掌管着你的人生。

1　天亮之后，要是你不愿起床，不妨这样想："我要起来完成一个人的工作。既然这是我生来便要完成的事，是我来到人世的目的，那我现在去做，有什么好不满的呢？难道我生来就是为了裹在毯子里取暖的吗？""可这样更舒适。"那你生来就是为了享受舒适的吗——光是感觉，却不行动？莫非你看不到花草、鸟儿、蚂蚁、蜘蛛、蜜蜂都在忙碌，为了营造这个世界的秩序而各司其职？而你却不想做人的工作——你的本性提出了要求，你还不赶紧去满足。"可人也需要休息啊。"的确如此，这我同意。但人的本性也对此做出了限制，正如它对饮食做出了限制一样，而你已经逾越了界限，超出了你的需求。但你对工作却不是这样，你的能力远未得到发挥。

关键是你不自爱——否则，你就会爱自己的本性，爱它为你做出的安排。别人热爱他们的工作，全神贯注地劳作，顾不上沐浴和进食，可你对自己的本性，还不如铁匠对活计、舞者对舞蹈、守财奴对金钱、爱出风头的人对他出名的时刻来得看重。这些人一旦迸发出热情，可以为了提升职业的水准，废寝忘食，你却觉得事关社会福祉的活动不够重要，不值得努力?

2　将心中烦恼或抵触的感受——驱除或抹去，尽快让心情完全平静下来，真是轻而易举。

3　任何言行，只要合乎本性，你就可以去说去做，别被任何人随后提出的批评或劝解所左右。只要是有益的言行，就不要放弃。指引别人的，是他们自己的思想，他们想要追随的，是他们自己的冲动。不要为此分心，要勇往直前，追随你的本性和宇宙自然：两者殊途同归。

4　我依循本性的道路而行，直到倒下安歇为止，我把最后一口气呼入我每天呼吸的空气中，倒在曾赋予父亲种子、赋予母亲血液、赋予乳娘乳汁的大地上；那么多年来，这片大地日复一日供我饮食，忍受着我的践踏和种种虐待。

5　人们不会赞赏你的才智。那好——不过还有许多别的品质，你可不能说："那是我天生力所不及的。"那就把你力所能及的品德展现出来吧——正直、尊严、勤奋、自制、知足、节俭、仁慈、独立、朴素、谨慎、大度。看到没有，有多少品德是你可以展现，并且没法用缺乏天分或天赋当作借口来推脱的？　可你却自甘落后。或者说，就因为你没有天分，所以你不得不牢骚满腹、吝啬小气、阿谀奉迎、归咎于体质虚弱、溜须拍马、自吹自擂、心烦意乱？　不，老天在上，并非如此！　你本可以早早将这些悉数摆脱，可你却头脑迟钝、执迷不悟。不过哪怕是这一点，也是可以改善的——除非你对自己的愚蠢视而不见，或者甘愿接受。

6　有一种人做了善事，便马上记下自己应得的回报。第二种人倒不这么着急，不过尽管如此，他私下里还是会把对方当成自己的债务人，对自己的善举念念不忘。第三种人则对自己的行为毫不在意，就像葡萄藤结出葡萄，对自己结出的果实不求回报。奔驰的骏马、追踪的猎犬、酿蜜的蜜蜂、行善的人——他们对自己的行为都浑然不觉，又去做下一件事了，就像葡萄藤在恰当的时节又会结出葡萄一般。所以你也应该效法那些行善而毫不在意的人。"没错，"某人说，"不过这恰恰是人应当留意的事：因为社会化的存在就应该对自己有益于社会的行为抱有清醒的认识，同时让自己的同胞也认识到这一点。""不错，不过你误解了我阐述的观点，正因如此，你落入了我说的第一种人的范畴。他们也被某种貌似正确的逻辑给误导了。不过如果你愿意按我说的意思做，就用不着担心自己在有益社会的行为方面有什么欠缺。"

7　雅典人的祈祷词：

下雨吧，下雨吧，亲爱的宙斯：

在雅典的田地和平原上下雨吧。

祈祷就该这样简洁和坦率，否则还不如不祈祷。

8 据说，阿斯克勒庇俄斯①曾给人开出骑马、洗冷水浴、赤足行走的医嘱，我们也可以说，整体的本性给人开出了承受患病、残疾、丧亲等各种不幸的医嘱。在前一种情形中，"医嘱"指的是这样的东西——"指定此人按此行事，有利于他恢复健康"。在第二种情形中指的是，上天安排了每个人的遭遇，有利于实现他的宿命。我们说这些遭遇"适合"于人，就像石匠说方形的石块"适合"砌墙或修筑金字塔一样，它们会按照既定的联系结合在一起。

万事万物之中存在着和谐，正如所有的物体结合在一起，形成了世界这个和谐的整体一般，所有的因由结合在一起，形成了命运这个和谐的因由。哪怕头脑简单的人也能凭借直觉领会我说的意思。人们常说："这是命运带给他的。"既然是命运"带给"他的，也可以说是命运开出的"医嘱"。所以我们就像接受阿斯克勒庇俄斯的医嘱一样，

① 阿斯克勒庇俄斯（Asclepius），古希腊神话中的医药神，阿波罗与科洛尼斯之子，受医技于半人半马怪喀戎，成为高明的医生，有起死回生术。后因主神宙斯怕人类长生不死，用雷电将其击毙。

接受命运的医嘱吧——它们当中，有许多滋味苦涩，但我们接纳它们，希望它们能帮助我们恢复健康。

你应该像看待自身的健康那样，看待宇宙自然设计和完善的过程，从而愉快地接受发生在自己身上的遭遇，哪怕它看上去十分残酷，因为它有助于增进宇宙的健康和宙斯的成功。倘若这件事无益于整体，宙斯就不会让它发生在任何人身上：正如宇宙的任何准则，都不会给自己统辖的事物带去什么有欠妥当的东西。

因此，你对自己的际遇应该感到满足，原因有二。其一就是，发生在你身上的事，正是为你开出的医嘱，与你息息相关，是最古老的因由从初始便为你纺出的命运之线。其二就是，每个个体的遭遇，都是福祉与完满确定无疑的组成部分，正是这些衔接在一起的部分掌控着整体。因为哪怕你将连贯的整体斩断分毫，它的完整性也会因此而受损：这一点既适用于整体的组成部分，也适用于整体的种种因由。无论何时，只要你对自己命运心怀不满，那你就是在竭尽所能地斩断某些东西；从某种意义上来说，这是一种破坏之举。

9 倘若你发现自己的全部所作所为，并未铸成端正的品行，也不要因此感到嫌恶难耐，息了心思。哪怕曾经行差踏错，也可以重新来过，只要你的行为多半合乎正道，便差可告慰了。要热爱你重新回到的地方。回归哲学，不要像学童回到导师身边那样，而要像眼睛发炎的人回到纱布与药膏的所在，或者敷剂与洗剂的所在一般。这样一来，你就会发现，服从理性并非沉重的负担，反倒是解脱之源。还要记住，哲学的要求，也不外是你的本性提出的要求；而你的欲求并不符合本性。还有什么能比你的本性所要求的东西，更令人愉悦呢？ 世俗的享乐就是这样引诱我们犯错，不过不妨看看，还有什么能比宽宏、慷慨、俭朴、体贴、虔诚更令人愉悦？ 你再想想，自己始终都能稳妥地理解和运用知识，还有什么比智慧本身更令人愉悦？

10 种种现实包裹在面纱里（姑且这样说吧），好几位著名哲学家都觉得，它们完全无法理解，就连斯多葛派学者也觉得它们难以理解。我们每一次赞同自己的看法，都有可能犯错，不会犯错的人根本就不存在。再看我们体验过的那些对象——他们的存在何其短暂，何其卑微： 娈童、娼妓，就连窃贼也可以拥有他们。再看你的同伴： 即便是他们当中的佼佼者，也教人难以忍受，要忍受自己有多困难，就更不用说了。

在如此这般的昏黑与污秽中，在存在、时间、运动的变幻中，在物质的变迁中，我完全看不出，究竟有什么值得看重或追求的。恰恰相反，人应当用自然解脱的前景来安慰自己，对这一前景的姗姗来迟感到焦急难耐，从下面两种想法中求得慰藉： 一是没有什么与整体的本性不合的事情能发生在我身上，二是我可以控制自己，不做任何违背我心中的神祇和神性的事——没有谁能逼我做出这样的冒渎之举。

11 我该如何运用自己的灵魂呢？ 在每一个场合，都问自己这个问题。仔细盘问自己："我那起支配作用的心灵中有什么呢？ 我拥有的究竟是怎样的灵魂呢？ 是孩童的灵魂吗？ 少年的？ 女人的？ 暴君的？ 家畜的？ 野兽的？"

12 有个办法可以弄清，多数人心目中的"宝贝"是哪类事物。如果你认为是真正的善——譬如智慧、自制、正义、勇气——那你就不会相信俗语里的说法"宝贝多得放不下",因为这话讲不通。不过只要你记得,多数人心目中的宝贝是什么,那你听到那位喜剧诗人的言辞,就会欣然接受,认为他说得也没错。其间的差别,多数人也能凭直觉体会出来。否则这话就不会既令人感到不快和抵触,同时又被我们当成一句评说财富和名利的生动俏皮话了。那么不妨进一步自问,我们是否应该看重那些东西,把它们当成宝贝——我们想起那些东西的时候,不免会恰如其分地拿这话来形容它们的主人:"他家里堆满财富,连如厕的地方都没有了。"①

13 我是由因由和物质所造就。它们都不会化为乌有,正如它们都不是凭空出现一般。所以我的每个部分,都会被重新分配到宇宙的某个位置,然后又转移到宇宙的另一个位置,以此类推,以至无穷。类似的连番变化造就了我的存在,造就了在我之前的父母,还有无穷无尽的祖祖辈辈。没有什么能推翻这一论断,就连宇宙也要服从周期运行的

---

① 引自古希腊诗人米南德的喜剧残篇。

定律。

14　理性和运用理性的技艺，是凭借自身的特性和自身的产物便能自主的能力。它们从相关的前提出发，一路走向预定的终点。所以理性的行为才被称作"正当的"行为，意思是它们依循的道路是正当的。

15　那些并不属于为人所必需的东西，不必在意。它们并非人不可或缺的东西；人的本性并不会彰显它们；它们也不是人的本性所要达成的最终目标。因此它们也就不构成人追求的目标，更不算人追求目标的手段——而那个目标就是善。此外，如果其中有什么东西是人不可或缺的，那就不该轻视或者拒绝它们；如果有谁表明自己完全不需要它们，我们也不会称赞他；如果这些东西当真是好的，某人却不肯用心追求，那他也算不上是好人。不过，事实上，一个人失去这类东西越多，或者越能容忍别人夺走他的这些东西，他便越是好人。

16　你经常泛起何种思绪，你的心灵就会形成何种品格：心灵会被思绪所感染。所以就用下面这些思绪来感染你的心灵吧。譬如：只要是在能够生活的地方，就能生活好；宫殿里也能生活，所以在宫殿里也能生活好。还有：每一种造物的诞生，都有利于另一种造物；它会被引向其诞生的目的；它的终点就在指引它的道路的尽头；对每一种造物来说，它的终点也是它发挥作用和长处的地方。由此可知，理性造物的长处，就是他们能和睦相处。情况早已表明，我们生来便要和睦相处——低等造物乃是为高等造物而生，高等造物乃是为彼此而生，这一点还不清楚吗？不过有生命的要比无生命的高级，有理性的要比只有生命的高级。

17　追求不可能实现的事，无异于疯狂：让恶人不按其性情行事，就是不可能实现的事。

18　超出生灵天生忍耐能力的事情，绝不会发生在它的身上。你的经历，别人也体验过：要么是没有认清自己的遭遇，要么是为了表现出勇气来，他始终平静无忧。真是奇怪，无知和自命不凡居然比智慧更有力量。

19　事物本身完全不能触及心灵。它们无法进入心灵，也无法改变或打动心灵。只有心灵能改变自己，打动自己，它会让所有的外物呈现在自己面前，给它们添上它认为适宜的判断。

20 一方面，人是跟我们关系最密切的，因为我们有义务善待他们，容忍他们。不过有些人妨碍我正当的工作，这些人就被我划进无关紧要的事物之列了——就像阳光、风和野兽一样。不错，这些事物也能对某些活动构成妨碍，但它们阻碍不了我的冲动或性情，因为后者可以随机应变。心灵能够适应障碍，将它们化为己用，帮助自己达成目标：障碍会化作任务的助力，障碍会将道路变成进境。

21 对宇宙中至高无上的力量心怀敬畏吧：是它运用万物，指引着万物。不过也要敬畏你心中至高无上的力量，这种力量跟那种力量十分相似。它也在你的心中运用着其他一切，掌管着你的人生。

22 对城邦无害的，对公民也无害。你觉得自己受到伤害的时候，就用这条标准来判断吧：如果城邦并未因此遭受损害，那我也没有因此遭受损害。另一方面，如果城邦遭受了损害，你也不应该动怒，而要向肇事者讲明他本人未能发现的危害。

23 不妨时常思考，现存的万物和即将生成的万物，是何等迅疾地被裹挟而去，涤荡一空。万物有如一条河流，奔流不息，其姿态变幻万千，其因由纷繁错杂，很少有什么能恒定不动，哪怕近在眼前的东西也是一样。不妨也思考一下，过去和未来如何像张开的鸿沟，将一切吞噬殆尽。这样说来，若是有谁怀着膨胀的野心，奋力拼搏，或者对自己的命运忿忿不平——仿佛这命运能一直延续下去，或者能困扰他很久似的，岂不是愚蠢吗？

24 想想万物的总和吧，你只是其中微小的一部分；想想时间的总和吧，你只分得了其中短暂的一瞬；想想命运吧——你在命运中，是怎样的一个片段？

25 别人做错了事，对我来说算得了什么？让他来处理吧：他有自己的性情，有自己的做派。宇宙自然想让我拥有的东西，我已经拥有了，我自己的本性想让我去做的事，我照着去做。

26 你心灵中起支配和主宰作用的那一部分，绝不能受肉体的影响，不论肉体的感受是畅快还是痛苦，心灵都要保持独立：心灵必须划定自己的疆界，将那些感受限定在受其影响的部位里。不过，在灵肉合一的整体当中，这些感受难免会逆向传递到心灵当中，若是那样，你切勿尝试否定它们的感知，你那起支配作用的心灵切勿妄下孰是孰非的判断。

27 "与众神一起生活。"与众神一起生活的人，始终如一地向众神表明，他的灵魂对自己的命运感到满足，按心中的神性的意愿行事，那份神性是宙斯赋予每一个人，用来保卫他、引导他的。我们每个人心中的这份神性，便是我们的思想和理性。

28 你会对体味像山羊的人或口臭的人发怒吗？你想让他怎么样呢？他的嘴巴就是那个样子，他的腋窝就是那个样子，所以难免散发出相应的气味。"可那人也被赋予了理性，"你说，"如果他肯用心留意的话，就会明白自己为何教人不快。"嗯，说得不错！你也同样被赋予了理性：那就用你的理性，来影响他的理性吧——指引他，告诉他。要是他肯听，你就纠正他，没必要动怒。

对伪君子和娼妓也是一样。

29　你可以满怀眷恋地生活在这个世界上，就像要离开人世时，心中难以割舍一般。不过倘若情况并不允许，那就放弃生命吧——但不要表现得像是遭遇了什么不幸。"房子起火，生出了烟，那我就离开房子。"这有什么大不了的呢？不过只要没有这样的事逼我离去，我就仍然是个自由人，没有谁能阻止我做我想做的事，那就是遵循理性人与社会人的本性。

30　整体的智慧是一种有利于群体的智慧。无疑，它为崇高者创造了低微者，又让崇高者彼此和谐共存。你可以看到，它是如何将某些造物列入较低的级别，如何协调其他的造物，让它们各得其所，让高级的存在同心协力，团结起来。

31　迄今为止，你是如何对待众神、父母、兄弟、妻子、儿女、师长、亲朋、仆人的？迄今为止，你在对待他们时，是否做到了"不出恶言，不行恶事"？记住你经历过的事，忍耐过的事；你的人生经历已经讲完，你的劳役已经结束；你时常欣赏到美好的事物，漠视欢愉和痛苦，放弃荣誉，以德报怨。

32 为什么笨拙和无知的心灵，会让灵巧和智慧的心灵感到困惑？什么是真正灵巧和智慧的心灵呢？这样的心灵知晓初始与终结，知晓理性无处不在，理性永远会在特定的周期中掌管整体。

33 生命很快就会化为灰烬或枯骨，一个简单的名字，甚至连名字都不会留下；就算留下了名字，也只是声音和回音而已。人们所追求的生命的"奖赏"往往空洞、腐朽、微不足道：人们犹如彼此撕咬的小狗，或者争吵不休的孩童，刚刚还笑容满面，顷刻又泪水涟涟。信念、忠诚、正义和真理"从辽阔的大地飞到了奥林匹斯山上"。

那这里还有什么让我们流连不去呢，既然感官的对象变动不居，我们的感官本身也模糊不清，像蜡一样容易玷污，我们的灵魂只是血气的挥发，人世的成功毫无意义可言？那么应该怎么办？平静地等待吧，不论结局是消亡还是转变。在那一刻到来之前，我们要怎么做？只要崇拜和赞美众神，善待他人——要克制隐忍。还要记住，在我们可怜的躯壳和微弱的呼吸之外的一切，既不是你的，也不是你所能掌管的。

34 只要你一开始就依循正道而行，就是说，只要你的判断和行动遵循理性的道路，你就能始终保持正确的方向。在所有理性的造物、神灵或人的灵魂中，有两点是共通的：他们不受外物的妨碍，他们追求的善，寓于端正的品格、正直的行动和对欲望的约束中。

35 如果一件事并非我的过错，也不是别人对我做的错事而引发的结果，如果民众也没有受到伤害，那我何必为它忧愁不安？有什么事能危及民众呢？

36 不要让别人悲伤的感受随意影响到你。只要理所应当，就应该尽全力帮助他们，这没错，哪怕他们只是因为失去无关紧要的东西而悲伤，不过不要把他们的损失当成真正的损害——那样想就错了。你应该像戏里的那个老人一样，最后他终于讨回了养子心爱的玩具，但他始终不曾忘记，那只是一个玩具而已。所以你在讲坛上陈述心中的遗憾时——

你是否忘记了那些东西真实的价值？"你说得不错，可它们对这些人来说很重要。"这是你陪他们一起犯傻的理由吗？

37 "原本我也曾步步顺心。"但好运是否降临，取决于你自己：正是心灵中善意的倾向、善意的冲动，以及善意的行为，组成了好运。

第六卷

　　我履行自己的义务，外物无法让我分心。 它们要么不具备生命，要么不具备理性，要么迷失了路途，不知道真正的道路在哪里。

1　整体的本质是温驯而顺从的，指引这一本质的理性本身，并没有作恶的缘由，恶也并未寓于理性之中：凡是理性所创造的，便不会有错，也不会给任何事物造成损害。万事万物都有合乎自身的肇始与终结。

2　如果你在履行正当的职责，就别管是冷是热，是恹恹欲睡还是精神抖擞，别人对你是褒是贬，甚至自己命不久矣，还是正在忙些别的：因为即便是让我们死去的死亡，也不过是人生的诸多活动之一，因此只要"尽力而为"，便足够了。

3　省察你的内心，不要忽略任何事物的特质或价值。

4　现存的一切很快便会变化。如果所有物质都是统一的实体，那它很快就会烟消云散，否则就会分解成原子。

5 起支配作用的理性了解自身的意向、自己的造物，以及自己的造物用的是何种材料。

6 最好的复仇，就是不要变得跟仇敌一样。

7 让这件事给你带来愉悦和安慰吧：在从事一桩桩社会事务时，心里始终记挂着神明。

8 起支配作用的心灵，能够唤醒自己，改变自己，让自己具备想要拥有的品性，让发生的一切看上去正合己意。

9 万事万物的成就，都合乎整体的本性：它不可能与别的本性相契，无论这种本性是在它的内部，还是外部，它也不会与任何外在的影响相契。

10 世界要么是一堆混杂之物，一张错综复杂的网，会分解为原子；要么是统一的整体，具有秩序和神意。倘若前者属实，那我为什么还愿意在一个随意组成的混乱世界里消磨时间呢？既然我终归会在某个时刻"归于尘土"，那还有什么好担心的呢？有什么好困扰的呢？不管我怎么做，终究会分解为原子。不过倘若后者属实，那我便心怀敬畏，立场坚定,从指引万物的神明那里获得勇气。

11　如果形势所迫,让你感到忧愁不安,那就赶快反躬自省吧。不要在和谐的节奏之外多作停留,你经常回归和谐的状态,就能将它掌控得更加娴熟。

12　如果你既有继母也有生母,你会对继母有所关照,但你长期依赖的还是你的生母。宫廷与哲学,就应该被如此看待。所以应该常常回到哲学身边,从她那里获得慰藉,她会让你觉得宫廷生活尚可忍受,也会让宫廷对你容忍有加。

13　这有多妙啊:当你炙烤肉类这样的食物时,不妨牢记,这是鱼类、鸟禽或猪留下的尸体,法勒恩酒不过是葡萄的汁液,你身上的紫袍不过是在贝类的血液里浸泡过的羊毛!性交不过是黏膜的摩擦和黏液的喷射而已。这样的洞察能够抵达和贯穿真实事物的核心,让你看清它们的真实面貌,这有多妙!这样的做法,你应当终生奉行:当事物展现出貌似真实的外表时,你要看清它们赤裸、低劣的一面,剥去它们的虚饰。虚荣是最能诱骗理性的:当你深信自己的工作举足轻重时,你也正深陷于虚荣的蛊惑之中。不妨看看克拉特斯是如何评说色诺克拉底①的。

14　大众所看重的事物，大多属于靠内聚力来维持形态的东西（矿物、木料），或者自然生长的产物（无花果树、葡萄树、橄榄树）。眼界略高之人所看重的，是靠生物的天性维系的事物，譬如羊群和兽群，或者大批奴隶的所有权。更有教养的人看重的事物，则是靠理性的心灵来维系——但并非理性本身，而是在某种技艺或技巧中展现出来的理性。但对心灵理性的一面和政治的一面都给予充分尊重的人，不会看重别的东西，只会让自己的心灵始终保持在适合理性与社会活动的状态，他跟同他一样的人彼此合作，实现这一目的。

15　有些事物匆匆诞生，另一些事物则匆匆消逝，而那些诞生的事物中，有一部分也已经归于消亡。运动和变化令这个世界时时更新，正如时间永不停歇的流逝，让永恒历久常新一般。那么，在这条奔流不息的、无法驻足停留的河流

---

① 克拉特斯（Crates）和色诺克拉底（Xenocrates），两人均为公元前4世纪的哲学家。克拉特斯是犬儒学派哲学家，第欧根尼的学生；色诺克拉底是柏拉图的学生，被选为柏拉图学园主持人（前339年）。

中，在身边飞速流逝的事物中，什么才是人应当珍视的呢？就好像他刚要喜欢上一只飞过的小雀——可它转眼便不见了。我们的人生就是这样——就像气血的挥发一样短暂。它与我们每时每刻都在进行的呼吸并无不同——你诞生时得到的东西，很快又会还给这个世界。

16　植物散发的气息，或者牛和野兽的呼吸，并没有什么值得看重的地方；记住感官留下的印象，或者像傀儡一般被冲动所驱使，同样不值得看重；将牲口聚拢起来，或者令其进食，也不值得看重——进食并不比排便好到哪里去。那么，什么才值得看重呢？　别人的称赞？　也不对。众口一词的称赞也是一样：　众人的称赞也只是口舌发出的声音而已。所以别去理会那些无足轻重的赞誉了。还有什么是值得看重的呢？　在我看来，那就是按照我们自身固有的性情行事，或者约束自己，种种才能和技艺为我们的性情指明了前进的道路。每一门手艺，都想让自己的产品符合这门手艺创立的初衷：园丁、修建葡萄树的工人、驯马师和驯犬师，莫不致力于此。对孩童的教育和培训，又是为了什么呢？

所以这才是真正的价值，只要你将它牢牢掌握，就不会再对其他东西孜孜以求。那时，你还会看重别的东西吗？如果不这样做，你就无法获得自由和满足，无法免于激情的困扰：你会感到羡慕和嫉妒，对那些能把你的财物夺走的人心怀猜忌，设计对付那些拥有你所看重的财物的人。总之，不管是谁，只要他需要这类东西，那他的心灵必然遭到玷污，他也会常常怪罪神明。但尊重自身的心灵，尊重你赋予它的价值，你就会欣然接受自己，跟同伴和睦相处，与众神保持一致——赞赏他们赐予和安排的一切。

17 元素上下颠簸，回环旋转，运动不休，但有用的品德运行的方式截然不同，它的运行更加神圣，它沿着难以理解的轨迹走向成功。

18 真是怪事！人们吝于赞扬同时代的人和身边的同伴，却非常看重后人给他们冠上的美名，而这些后人，他们以前从未见过，以后也绝不可能见到。这跟为前人没有对你歌功颂德而苦恼相差无几。

19 倘若某件事你力有未逮，不要以为别人也做不到；

不过常人力所能及的正当之事，你也应该认为自己可以做到。

20　在竞技场上，如果对手用指甲划破了我们的皮肤，或者用头撞到了我们，我们也不会对他怀恨在心，感到深受冒犯，或者怀疑他是蓄意伤人。不错，我们会注意避开他：不过这是善意的回避，并不是将他视为仇敌，对他心生猜忌。在人生的其他领域，情况也是一样：我们有自己的竞争对手，对他们的许多所作所为，我们不必放在心上。如前所述，我们可以敬而远之，无需心怀敌意或猜忌。

21　如果有人能证明我有错，用思想或行为指明我的错误，那我会欣然改正。我追求真理，它从不会伤害任何人，执迷于自欺和无知，才会造成伤害。

22　我履行自己的义务，外物无法让我分心。它们要么不具备生命，要么不具备理性，要么迷失了路途，不知道真正的道路在哪里。

23　既然你具备理性，而它们并不具备，那么对待呆笨的动物和诸多事物时，不妨宽大为怀；因为人具备理性，那么对待人的时候，不妨给予关怀；凡事都可以向神明求助。用不着为这件事需要耗费多少时间感到困扰：只要三个小时便足够了。

24 死后，马其顿的亚历山大和他的骡夫不再有高低贵贱之分：他们要么同样被宇宙造物的法则所吸收，要么同样分解为原子。

25 想想看，在同一个瞬间，有多少互不相干的事件，发生在我们每个人的身上和心里，然后，你就不会为此感到惊讶了：有更多的事，实际上，是所有的事，共同作用于我们称之为宇宙的这个整体。

26 倘若有人问你："安东尼这个名字怎样拼写？"你会把每个音节都喊出来吗？倘若他们生气呢？你也会大发脾气吗？你就不能冷静下来，逐一念出那些字母吗？因此在生活中，也要记住，每项职责都是某些特定行为的总和。你要多加留意，不要焦虑不安，或者用自己的怒气回应他人的怒气，而要将事情有条不紊地完成。

27 不让人努力争取他们的利益，是多么残忍的事！

可你因为他们做错事而烦恼时，你在某种程度上，不就是在禁止他们这样做吗？ 他们无疑会受到自身利益的驱使。"但他们不应该那样做。"那就教导他们，指引他们，不必烦恼。

28 死亡使我们从感官的反应、冲动的驱使、心灵的算计、肉体的劳苦中获得解脱。

29 肉体尚未衰败，心灵就先行服输，这是一种耻辱。

30 当心，不要变成凯撒，不要自认高贵不凡：的确有这样的事。所以要让自己保持朴素、仁慈、纯洁、严肃、谦逊、支持正义、敬畏神明、善良、充满爱心、立场坚定。要努力保持哲学想要将你造就成的那副样子。敬畏神明，关心他人。人生短暂。生活在人世间的一大收获，便是虔诚的心灵和有利于社会的作为。

要时刻向安东尼学习： 他精力充沛地按照理性的指引行事，他一贯平静，他虔诚有加，他表情安详，态度温和，他从不自负，他牢牢掌控种种事务。他凡事若不经过认真的了解，形成清晰的认识，便不会放到一边；他能容忍别人不公正的指责，不会反唇相讥；他从不仓促行事。他不会听信恶意的谗言；他能准确评判别人的品格和作为；他从不急于做出评判，不受谣言和猜忌的影响，从不虚伪。他对住所、床榻、衣着、食物、仆人要求甚少，容易感到满足；他热爱工作，精力充沛。

他忙一件事，能忙到晚上，除了按时适量地进餐，他根本不需要休息放松。他对待朋友公平如一；他能容忍直言不讳的反对意见，愿意让别人指出更好的做法；他敬畏神明，但并不迷信。

这样，在弥留之际，你也会拥有像他那样清白的良心。

31　醒来吧，再一次摆脱睡意吧：要明白，令你困扰的不过是梦幻，既然你已经再度醒来，那么不妨用看待梦境的眼光，来看待这些事情。

32　我是由肉体和灵魂组成。对可怜的肉体来说，所有一切都无关紧要，它也分辨不出什么。对心灵来说，所有并非自身活动的事物都无关紧要，而它自身的活动尽在它的掌控之中。但在自身的活动当中，心灵只关注当前一刻：无论在哪个时刻，未来和过去的活动同样无关紧要。

33 手或脚的辛劳并不违反本性，只要脚完成的是脚的工作，手完成的是手的工作。人也是一样，只要他完成的是人的工作，那他的辛劳就不违反本性：只要不违反本性，对他来说就不是坏事。

34 说到快乐，强盗、娈童、弑亲者和暴君享受到的快乐最多。

35 难道你没有看到，那些劳作的工匠，一方面在某种程度上听从外行人的吩咐，同时又坚守自身手艺的准则，不忍背弃吗？ 如果人对他与众神共有的指导原则的尊重，还不如建筑师和医生对自身技艺指导原则的尊重，岂非怪事？

36 亚洲、欧洲不过是宇宙的角落。每片海洋也不过是宇宙中的一滴水，圣山也不过是宇宙中的一抔土。当前一刻也只是永恒的一点。所有一切都微不足道、变动不居、转瞬即逝。

一切都出自另一个世界，从宇宙支配一切的理性中诞生，或者作为后继的产物出现。所以就连狮子张开的大嘴、毒药、荆棘与沼泽之类有害的东西，也是崇高而美好的造物后继的产物。

所以不要觉得它们迥异于你所崇尚的事物，要仔细思考生成万物的本源。

37 人只要看清了现在，就看清了一切，包括恒久以来的一切和永世长存的一切：一切都彼此关联，系出同源。

38 你应当经常思考宇宙万物的联系，以及它们彼此之间的关系。在某种程度上，万物彼此交缠，因而互相亲近：它们按照恰当的顺序前后衔接，这是运动带来的张力、感召万物的精神、万物的和谐如一共同作用的结果。

39 要顺应命中注定的事，喜爱命运安排在你周围的人——这份喜爱必须发自内心。

40 一件器械、工具、器皿——只要能实现制造时设定的功能，就是好东西。不过在这种情况下，制造者外在于造物。而有机的自然，将种种造物统摄在一起，造物的力量常驻在造物之中。因此你应当对自然多一些尊重，并且相信，只要你让自己的存在与行为，与这种力量的意志保持一致，那你就能凡事顺心。整体也是如此：存在于整体之中的一切，无不顺从整体的意念。

41　倘若你贸然认定，超出你掌控范围的事是好是坏，那你难免就会把坏事的发生或好事的落空，怪罪到众神的头上，厌恨那些确实或有嫌疑促成坏事或妨碍好事的人。我们在考虑这些事的时候，的确做过不少不公正的判断。但如果我们只认定自己能够掌控的事是好是坏，我们就没有理由再去怪罪神明，或者敌视他人。

42　我们都是为了相同的目标而共同努力，有些人是有意识地加以留意，另一些人则懵然不知——我认为，这正像赫拉克利特所说，即便是沉睡之人，也是世界上各种事件的工作者。人们各自作出了一番贡献：就连那些试图反对或毁掉劳动成果的人，也有自己的生存空间——这个世界也需要这样的人。所以你需要确定，自己属于哪一类人。当然，掌控整体的主宰者会充分利用你的长处，把你安排到这支劳动大军的某个环节，不过你要确保，自己扮演的不是克里西波斯①说的

① 克里西波斯（Chrysippus），早期斯多葛学派的代表之一，居住雅典。

那种卑贱粗鄙的喜剧角色。

43 太阳可曾贸然染指雨神的工作？医药神可曾染指丰收女神的工作？每颗星星呢？尽管它们各不相同，但它们不是彼此合作，为实现同一个目标而努力吗？

44 如果众神为我和我必然遭遇的事做过考虑，那他们的想法准是为了我好。很难想象，神明做事有欠考虑，他们又怎么会特意加害于我？那样做对他们能有什么好处，对他们最为看重的集体的利益，又有什么好处？如果他们没有为我做过个别的考虑，那他们肯定为集体的利益做过考虑，既然我的遭遇是为集体谋取利益的结果，那我就应该欣然接受。不过就算他们没有做过任何考虑（这是一种邪恶的想法——我们也就不必再献祭，向众神祈祷，以众神的名义发誓，不必再做以众神跟我们同在为前提的各种活动了）——就算他们没有为我们做过任何考虑，那我也可以为自己着想，做最好的打算。最好的打算就是符合个人情况和本性的打算，我的本性是理性的，也是社会化的。

作为安东尼家的成员，罗马就是我的城邦；作为一个人，世界就是我的城邦。唯有有利于这两个城邦的，才是于我有益的。

45 发生在个体身上的一切，对整体是有益的。这一点还是很清楚的。不过只要你更加细心地观察，就会发现这是一条放之四海而皆准的规律：对一个人有益的，同样有益于他人——不过这里的"利益"应当按照大众的用法来理解，指的是一些平凡的事物。

46 正如圆形剧场之类的场所上演的种种，同样的场景总是一再出现，令你感到不快，这种单调的场景令你感到厌倦，你的整个人生体验也是一样：上上下下的一切没有什么不同，全都系出同源。那么还要再看多久呢？

47 经常想想：各种各样的人，各行各业的人，各个国家的人，都已经逝去了，再想想腓利斯提翁、福玻斯和奥里加尼昂。再想想其他阶层的人。我们也注定要移居另一个世界，那里有那么多技巧卓越的演说家，那么多声名显赫的哲学家——赫拉克利特、毕达哥拉斯、苏格拉底——那么多古代的英雄、那么多后世的将领和国王。

还有欧多克索斯^①、喜帕恰斯^②、阿基米德；还有其他睿智的人，富有远见的人，辛勤劳作的人；还有骗子、偏执盲信之人，甚至对这短暂的人生讽刺有加的人，比如迈尼普斯^③等人。想想这些早已逝去、早已入土的人吧。所以死亡对他们而言，有什么可怕的地方呢——对那些名字早已湮没无闻的人，有什么可怕的地方呢？在这个世界上，只有一件事有价值，那就是正直而公正地度过一生，容忍那些既不正直也不公正的人。

48 每当你想让自己高兴起来的时候，就想想同伴们的品行吧——比如一个人充满活力，另一个人庄重正派，第三个宽宏大度，第四个有其他优点。没有什么比同仁展现出来的美德更令人高兴——这种美德在集体中展现得越多越好。所以要让它们常驻在身边。

49 你并不会为自己的体重没有达到三百磅而感到懊

---

① 欧多克索斯（Eudoxus），此处可能指尼多斯的欧多克索斯，古希腊天文学家和数学家，曾为柏拉图的学生，先后在小亚细亚西北岸和雅典创办过学校。
② 喜帕恰斯（Hipparchus），著名的古希腊数学家、天文学家、地理学家，西方三角学与古代天文学的创始人。
③ 迈尼普斯（Menippus），古希腊哲学家，信奉第欧根尼的犬儒学派哲学。

恼,对吗? 那又何必为有生之年不能更多感到懊恼呢? 正如你对分配给自己的物质的数量感到满意,你也应该对分配给你的时间感到满意。

50 尽量说服人们,不过就算未能说服,你也照样要按照公义法则的指引来行动。不过假如有人强行阻挠,那就改变原来的方针,达成一种安全的妥协,同时利用这份阻挠,培养出另一种美德。记住,你所采取的路线要视条件而定——不要把无法实现的事情当成自己的目标,那你把什么确定为自己的目标呢? 条件允许达成的愿望。这样,你就能如愿以偿,心想事成。

51 该怎样理解,什么才是你的幸福:喜爱荣誉的人认为,别人的态度才是自己的幸福;喜爱享乐的人认为,自己的激情体验才是幸福;睿智的人认为,自己有所作为,才是幸福。

52 纵然不理解一样事物,也可以不受困扰:事物本身并不具备促使我们做出判断的内在力量。

53 不要忽视别人非说不可的话,要尽可能地深入说话者的内心。

54 对蜂群有害的，也无益于蜜蜂。

55 如果水手贬损船长，病人贬损医生，那他们还能听取谁的意见？船长要如何将旅客安然送达，医生要如何治愈他的病患？

56 跟我一起来到世间的人，有多少已然离去！

57 黄疸病人觉得蜂蜜是苦的，狂犬病人对水感到恐惧，小孩子觉得皮球是一大乐趣。那我为什么还要生气呢？还是你认为，错误的印象带来的后果，不如黄疸病人的胆汁和狂犬病人体内的毒素来得严重？

58 不会有人阻止你按照本性的准则来生活；不会有违反宇宙本性之准则的事，发生在你身上。

59 人们想要取悦的，是些什么样的人啊！他们为了获得成功，采取的是什么样的手段啊！时间是多么迅速地掩埋一切——有多少事物已经被时间所掩埋。

第七卷

不要幻想拥有你所没有的东西，要满足于你所拥有的，还要提醒自己，若非自己已经拥有了这些，你会对它们多么向往。

退避到内心当中吧。富有理性，起支配作用的心灵的本性，便是满足于做该做的事，享受因此获得的宁静。

1　这便是恶：恶是你时常可见的。你应当将这一想法牢记在心，以备不测："这是我时常看到的。"总的来说，不论你看向何处，看到的总是同样的事。历史——古代、近代和现代的历史——充斥着这一类事；今天的城邦和家庭中也充斥着这一类事。没有什么新鲜事。一切都是熟悉而短暂的。

2　你的信条是活生生的。它们怎么可能消亡？除非与之对应的内心观念被磨灭了。但内心观念总可以重新激发，这取决于你。"对这件事，我能做出正当的判断。既然你能，那还有什么好困扰的呢？我的思想之外的一切，对思想来说，都不值一提。"明白这一点，你就能昂然挺立。你就能重获新生。用惯常的眼光去看待事物吧：新的生活就寓于其中。

3　招摇的游行队列、舞台上的戏剧演出、兽群和牧群、比武竞技、给小狗扔骨头、往鱼塘里扔面包屑、辛苦搬运的蚂蚁、四散惊逃的老鼠、因为丝线的扯动而翩翩起舞的木偶。置身其间，你要耐心忍受——不要嗤之以鼻。不过你要记住，人的价值在于他所看重的事物的价值。

4　在谈话时，要用心体会所说的话；在冲动时，要留心观察发生的事。在后一种情形中，要尽快看出行为的目的何在；在前一种情形中，要留心关注话里的含义。

5　我的心灵是否足以胜任这项任务？倘若能够胜任，我就用这份心灵去完成任务，把它当作整体的本性赋予我的一件工具。倘若不能胜任，那我要么放弃这项工作（除非是我必须承担的职责），让能者当之，要么倾尽全力，找人协助，此人要能配合我的指挥，满足公众利益当前的需要。不论我怎么做，是独立完成还是与人合作，都要将这一点放在首位——那就是公众的利益与和谐。

6 多少声名显赫之人已经被人遗忘；多少称颂他们的人早已消失。

7 不要羞于接受帮助。你的任务就是完成分配给你的职责，就像攻城军团的士兵一样。倘若你腿脚不便，无法独自攀垣而上，要在别人的帮助下才能完成，该怎么做？

8 别为未来烦恼。因为你迎接未来的时候（倘若这势必会发生在你身上），依然保有你应对当下的理性。

9 万物都是彼此衔接的，将它们联系在一起的，是一条神圣的纽带。几乎没有一样事物是独立存在的，它们各安其所，共同组成宇宙这一体系。万物组成了一个宇宙，一位神明无处不在，在所有拥有智慧的存在中，有一项本质，一个法则，一种共同的理性，一个真理——倘若的确存在的话，那么拥有同样理性的同类存在中，也有一个完美无缺的代表。

10 一切有形之物，很快便消逝在宇宙的物质之中；每一项因由很快便会被宇宙的理性所吸收；对一切事物的回忆，也会很快就湮没在永恒之中。

11　对理性的存在来说，按照本性行动，跟按照理性行动是一回事。

12　站直了——或者在别人的扶助下站直。

13　理性的存在之于集体，正如一个有机整体的不同分支——之所以将它们造就出来，正是为了实现整体的目的。如果你一直这样告诉自己，你就会愈加充分地体会到，这一观念是何等有力："我只是理性整体的一条分支。"不过你如果只说自己是整体的一部分，那你还不是由衷喜爱你的同胞：你不是为了助人为乐而行善；你只是把它当作一项义务去完成，而不是把它当作对自己同样有益的善行去完成。

14　让想要发生的外部事物，发生在它们能够影响到的、我的身体部位上好了——如果这些部位愿意，那它们也可以抱怨。而我自己并不会受到什么伤害，除非我认定这件事有害：我可以不那样认定。

15　不论别人怎么做、怎么说，我都要做一个好人。就像祖母绿、黄金块或紫色长袍一样，它们总是坚持："不论别人怎么做，怎么说，我都是祖母绿，我要保持自己的色彩。"

16　起支配作用的心灵并不会让自己陷入困扰：比方说，它不会让自己陷入恐惧或欲望之中。如果别人能让它感到恐惧，或者让它感到痛苦，那就随他去好了：就心灵本身而言，它是不会故意陷入此类情形的。肉体应该尽可能地照顾好自己，避免遭受伤害；具备知觉的灵魂，如果感受到了恐惧或痛苦，应该表达出来；但负责评判这类事情的灵魂，并不会感到不适——它不会让自己贸然得出不适的结论。起支配作用的心灵本身，没有什么外在的需要，除非它给自己设定出一种需要：因此它也不会受到什么困扰和妨碍，除非它自己困扰自己，妨碍自己。

17　幸福是一名善良的神祇，或者是神明的祝福。那么幻想，你为何要来我这里呢？我以众神的名义命令你，怎样过来，就怎样离去吧：我不需要幻想。你是按照老习惯过来的。我不生你的气。只是让你离开。

18　有人害怕变化吗？有什么是不靠变化便能生成的呢？又有什么比变化更接近整体的本性呢？如果加热用的

木柴不发生变化，你能沐浴吗？ 如果你的食物不发生变化，你能进食吗？ 生活中的好处，有什么是不经变化就能得到的呢？ 难道你还没看出：变化对你来说也是一样，对整体的本性来说，也同样必不可少？

19　我们所有人的肉身（作为整体的造物之一，配合着整体的活动，就像我们的四肢相互配合一样）穿行在宇宙的物质中，就像在旋动的河流中穿行。永恒已经吞没了多少克里西波斯、苏格拉底、爱比克泰德那样的人物！ 在看待任何人和任何事的时候，都不妨这样想。

20　我只担心一件事：我不该做出违背人性的事——或者行事方式与行事时机有悖人性的事。

21　很快，你就会忘却一切；很快，一切也会将你遗忘。

22　喜爱那些犯错和沉沦的人，正是人的本性。只要你想想，所有人都是兄弟；他们之所以犯错，是因为无知，而不是有意为之；用不了多久，你和他们都会撒手人寰；最重要的是，他并没有给你造成什么伤害——他并没有让你起支配作用的心灵变得更糟，只要这样想一想，你就会喜欢上他们。

23　宇宙自然运用宇宙的物质，就像使用蜡一样，先是做出马的模子，然后又把它融掉，再用这份物质做一棵树；然后是一个人，然后又是别的东西。这些物质的存在只能维持很短的一段时间。把盒子打碎，并不比把盒子粘好更难。

24　脸上的怒容有悖本性，若是它经常出现，人就会变得面无表情，最终甚至再也无法做出生动的表情了。应当尽量留意这一点：发怒有悖理性。从道德的角度来看，倘若连分辨是非的觉悟都没有了，还有什么理由继续活下去呢？

25　你所看到的一切，很快就会被主宰整体的本性焕然改观：它会从物质中创造出别的东西，然后再从中创造出新的事物，从而令这个世界历久常新。

26　当别人对你做了错事，你应当马上考虑，是什么样的善恶观让他做出这种错事。一旦弄清了这一点，你就会对他心生怜悯，不会再感到惊讶或愤怒了。要么你跟他抱有相同或相近的善恶观，倘若是这样，你就会理解和原谅他；要么你不再认为这种事非善即恶，倘若是这样，你更容易耐心对待那个盲目的人。

27　不要幻想拥有你所没有的东西，要满足于你所拥有的，还要提醒自己，若非自己已经拥有了这些，你会对它们多么向往。但与此同时，也要注意，不要因为习惯于它们带来的快乐，就对它们产生依赖，免得它们不在了，害得你痛苦不堪。

28　退避到内心当中吧。富有理性、起支配作用的心灵的本性，便是满足于做该做的事，享受因此获得的宁静。

29　摒弃幻想。遏制操纵人心的冲动。认清当下一刻。弄清自己或别人遭遇了什么。对事件进行分析，把它划分成因果和物质两个部分。想想你临终的那一刻。别人犯的错，不必去管。

30　留心聆听别人的话。留意正在发生的事和做事的人。

31　以简朴、正直、漠视介于美德与恶行之间的一切为乐。热爱人类。追随神明。德谟克利特说过："其他一切都受制于常规的法则，唯有元素是绝对和真实的。"不过你只要记住，一切都受制于法则就够了。言简意赅。

32　关于死亡。倘若我们是原子，死亡就是消散；倘若我们是一个整体，死亡就是消亡或迁居。

33　关于痛苦。不堪承受的痛苦会夺走我们的生命，迁延不绝的痛苦倒还可以承受。心灵通过退避保持平静，起支配作用的理性并不会被痛苦削弱。至于被痛苦所伤害的部位，随它们去抗议好了。

34　关于名望。看看那些追逐名望的人，他们是怎样想的，他们追求什么，回避什么。看看我们的所作所为，是如何像漂移的沙土不断覆盖原先的沙土一般，转眼便被后事层层覆盖。

35　"因此，对拥有高贵智慧和宏大视野的人来说，你觉得他会把人生看得很重吗？'不可能。'他说。这样说来，这种人也不会觉得死亡有什么可怕的地方？'当然不会。'"

36　"国王的命运，就是行善事，遭诅咒。"

37 面孔如此恭顺地按照心灵的命令，设计和安排好自己的表情，若是心灵本身不能设计和安排好自己的事，那才可耻。

38 "单纯的事物，残酷的事实，不应该激起你的愤怒：
它们根本不知道照顾你的感受。"

39 "愿你给不朽的神明和我们带来欢乐。"

40 "成熟的谷穗会被收割，我们的生命也是一样：
这个站立，那个倒下。"

41 "如果众神已经不再关照我和我的两个儿子，
其中必有缘由。"

42 "因为善与正义与我同在。"

43 "不要跟别人同悲同喜。"

44 "不过我能给这个人一个恰当的回答。我会说：'我的朋友，如果你认为有价值的人会计较生与死的得失，而不是只考虑自己要做的事是对是错，是善行还是恶行，那你就错了。'"

45 "我的雅典同胞们啊，其实是这样。不论一个人按照自己最佳的判断，或者按照将领的指派，占据了一个什么样的位置，我觉得，他都应该坚定不移，直面危险，对蒙受耻辱以外的事一概不予考虑，对死亡也不屑一顾。"

46 "不过，我的好友，不妨想想看，高贵和美德或许与拯救和获救无关。真正的人才不会考虑生命是长是短，只是随遇而安地活着，难道不是这样吗？他应该把这一切交给神明，相信妇人们所说的，谁也无法逃避自己的命运，他应该进一步思考：怎样才能把这段必须度过的光阴过得最好。"

47 观察星辰的运行，仿佛你与星辰一起运行，时常思考元素的相互转化。这样的想法会洗去尘世生活的污秽。

48 此外，当你谈起人类时，要从一定的高度俯瞰世俗的事物——羊群、军队、农场、婚礼、离婚、出生、死亡、法庭上的嘈杂、荒地、异国他乡、节庆、葬礼、市集；人世间的种种纷纭错杂，以及各种对立事物井然有序的结合。

49 回首往昔——多少王朝世代更迭。你还可以预见未来：未来跟过去相差无几，也不会背离当前的发展节奏。因此要研究人类的生活，四十年跟一万年差别不大： 你还能看出些什么来呢？

50　　　　"生于尘土的,要归于尘土:

　　　　　但从天国的种子里生出来的

　　　　　会回归天国。"

要不然就是这样： 原子之间断开了连接，没有知觉的微粒归于消散。

51　　　"带上特别的食物或酒水,或者魔法,

　　　　在死亡之河中寻觅航道。"

　　　　"我们必须忍受神明吹来的风,

　　　　无怨无悔地辛勤劳作。"

52 "更善于击倒对手"，但在热心公益、为人谦逊、接受适应环境的训练、忍耐邻人的过失方面，还有所不足。

53 若是一项任务的完成，符合人神皆备的理性，那就没什么好害怕的： 因为只要能从依循正道、合乎本性的行动中受益，就不必担心会有什么坏处。

54 不论何时何地，这都取决于你： 尊敬神明，安于现

状，公正地对待同伴，充分思考心灵中每一刻的感想，不忽略理解任何事物的契机。

55　不要窥探别人起支配作用的心灵，要始终正视本性引领你前行的方向——既要从你的遭遇中观察宇宙自然，也要从你非做不可的事情中观察你自己的本性。所有的造物都要按照它的性情行事。其他造物被创造出来，是为了给理性的存在效劳（正如低等的造物都是为了高等的造物而存在），不过理性的存在要彼此效劳。因此人性的首要法则便是社会化。其次便是抵御肉体的欲望。理性和智性活动的特性，便是将自身独立出来，不受感官活动或欲念的影响，后两者属于动物的层次，智性活动的目标便是驾驭它们，绝不屈从于它们——这是对的，因为智慧的特性就是将一切化为己用。理性特质的第三种要素，便是不慌不忙、不受蒙蔽的审慎判断。所以要让起支配作用的心灵坚守这三项原则，依循正道而行，然后它就会得到属于自己的东西。

56　不妨设想，自己已经撒手人寰，或者此前并不存在。不妨将余生看作一项奖励，按照本性的指引生活。

57　只爱降临在你的路途上，命中注定属于你的东西。还有什么比这更合适呢？

58　不论遭遇何种不测，都要想想那些有过同样遭遇，并且感到烦恼、怀疑和不满的人。如今他们身在何方？早已无处可寻。那么，你还想跟他们一样吗？何不把他人的情绪和态度，留给那些造成不测和受其影响的人，而你只考虑该如何利用这些不测呢？那样你就会把它们派上用场，把它们变成你手头的素材。只是要注意，要把事情尽量做好。要记住这两点：重要的是你的行为，前因后果无关紧要。

59　发掘你的内心。只要一直发掘，你心里的善之泉就会时时喷涌。

60　仪态应当沉着镇定，不论是活动时还是休憩时，身体都不要乱动。正如思想会诉诸表情，如果要让心灵保持敏锐和活跃，那么整个身体也需要类似的安排。不过要达成这一切，无需刻意强求。

61　相比舞蹈，生活的技艺更像摔跤，需要站在那里，准备迎接袭来的招数，不要被没有看到的招数摔倒。

62 你应当时常留意，你希望博得其赞同的，是些什么样的人，支配他们的，是些什么样的心灵。只要你仔细审视他们的判断和冲动，你就不会再责备他们无心犯下的过失，也不会再觉得你还需要他们的赞同了。

63 "没有哪个灵魂，"柏拉图说，"喜欢被剥夺真理。"——正义、节制、善良等各种美德均是如此。你有必要时常牢记这一点，这会让你宽厚待人。

64 每当你感到痛苦的时候，不妨这样想，痛苦并非精神上的不幸，并不会给你起支配作用的智慧带来损害：痛苦不会给理性和社会化的本性带来损害。在感到痛苦的多数场合，伊壁鸠鲁的这句格言能给你提供帮助："痛苦既非不可忍受，亦非永无止尽，只要你能记住它的局限，不要在想象中将它夸大。"还要记住，我们所感觉到的诸多不适，只是一些似是而非的痛苦——譬如困倦、酷热、厌食。所以当你抱怨这些事的时候，你就对自己说："你正在向痛苦屈服。"

65 注意，对待鄙弃人类的人，切莫像鄙弃人类之人对待人们那样。

66　我们如何知道，特劳格斯的品行不如苏格拉底？苏格拉底的死更加光荣，他跟诡辩家们的辩论更有技巧；他露天挨过一个霜寒的夜晚，表现得更加坚忍；他拒绝遵命逮捕萨拉米斯的莱昂，表现得更加勇敢；他"在街头昂首阔步"（不过最后这一点是否属实，值得商榷），但这并不够。我们需要了解的，是苏格拉底的灵魂有着怎样的本性。我们应该发问的是，他是否满足于公正待人、虔诚敬神的生活；既不对各种恶行大肆批判，也不逢迎任何人的无知；既不觉得整体分配给他的任何东西出了差错，也不觉得是难以忍受的负担；不让自己的心灵分担肉体那可怜的激情。

67　自然将你融入复杂整体的方式，并不妨碍你划定自身的边界，将属于自己的事物牢牢掌控。这一点要时刻牢记，还要记住，幸福的生活只取决于极少的东西。不要以为，既然你已经放弃了成为哲人或科学家的希望，那你就跟自由的精神、正直的品性、社会良知、对神明的顺从也绝缘了。你完全可以做一个"神圣的人"，无需博得他人的赏识。

68　毫无压力、心满意足地度过一生吧，哪怕世人全都吵嚷着反对你，哪怕野兽正在撕裂你这副躯体的四肢。这些哪里能妨碍心灵保持平和的心态、对形势的正确判断、对事务的应变呢？　因此判断力可以对形势说："这才是你的真实面目，不论你如何变化。"早有准备的运用可以对事件说："我正要找你。我总是把当前的一刻，当作践行理性品德和社会品德的素材——亦即人的艺术和神的艺术使用的素材。"因为神或人可以掌握发生的事情：不会是什么难以把握的新鲜事，始终都是熟悉和容易解决的事情。

69　性格的完美境界便是：将每一天都像最后一天那样度过，没有狂热，没有冷漠，没有虚伪。

70　不朽的众神要在恒久的时间里，忍受为数众多、价值寥寥的造物——人类，他们并不为此心怀怨恨，而且他们还为人们费心打点方方面面的事。而你，只有一段短暂的生涯，还不肯耗神费力——更何况，你就是那些价值寥寥的造物之一呢？

71　不逃避自身的恶行，反而逃避他人的恶行，是荒谬的。前者有可能做到，后者则不可能做到。

72　但凡理性和社会化的能力，有理由认为既无智性，亦无益于公共利益的，便是等而下之之物。

73　当你做出善举，令他人受益的时候，干吗还要像傻瓜那样，寻求以上两点之外的第三点——行善的名声或报酬呢？

74　没有人会对获益感到厌倦：按照本性行事就是你的收益。因此不要对"从付出收益中获益的事"感到厌倦。

75　整体的本性促使整体创造出了宇宙。因此一切要么作为合理的后果随之诞生，要么就连支配宇宙的心灵想要达成的首要目标也是非理性的。提醒自己注意这一点，就能帮你心平气和地面对许多事。

第八卷

不要因为你的人生图景感到压抑，不要总想着过去或未来有多少艰难困苦。只要在当下的每一个瞬间扪心自问："在这项工作里，有哪些地方令我不堪忍受？"你会羞于承认的。然后再提醒自己，给你带来沉重负担的，既非未来亦非过去，总是现在：只要你能将现在隔绝开来，谴责自己软弱的意志，竟然连这样一点事都无法承受，那么现在带来的负担就会随之减轻。

1　从这一点来说，你也没有自命不凡的资格：如今，你已经失去了终身，或者在长大成人之后，做一名哲学家的机会。其实，很多人都清楚，你自己也知道，你和哲学相距甚远。所以你黯然神伤，如今你很难赢得哲学家的名声，你的身份也是一大阻力。所以如果你真的洞明世事，那就放弃对名声的向往，满足于按照本性的愿望度过余生吧。所以你一定要考虑，本性的愿望究竟是什么，不要被其他事所干扰。你凭经验得知，你在游历四方的时候，并未找到理想的生活——它不在逻辑里，不在财富里，不在荣耀里，不在放纵里，不在任何地方。那要在哪里才能找到它呢？在按照人的本性行事之中。你要怎么做才好？要有能驾驭冲动和行为的原则。那是什么原则？是分辨善恶的原则——相信不能让人变得公正、自制、勇敢、自由的事物，便不是善的；不能让人变得与之相反的事物，便不是恶的。

2 每做一件事，都这样自问："这样做对我有何影响？我会不会后悔？"我很快便会死去，一切成空。倘若眼前的工作是理智和有益于社会的，也符合人神共守的法则，那我还有何求？

3 亚历山大、尤利乌斯·凯撒、庞培——对第欧根尼、赫拉克利特、苏格拉底来说，他们算得了什么？后面这几位能看透现实，看透其因由和物质，支配他们的心灵便是他们的主人。而前面那几位，只是其野心的奴隶罢了。

4 就算你勃然大怒，他们依旧不以为意。

5 首先，无需感到不安：万事万物都遵循整体的本性，你很快便会不复存在，就像哈德良和奥古斯都如今已经不复存在一样。其次，专注于手头的事务，看清它的真实情形。提醒自己，自己有责任做一个好人，按人的本性所要求的行事，然后坚定而直率地做事，说你认为正确的话。不过始终都要保持善意、正直和诚挚。

6　宇宙自然所做的工作，便是把现实变成另一番模样，将事物改头换面，将它们从此处移往彼处。一切都在变化之中，它们的分布也没有什么不同。一切都司空见惯，因此无需畏惧任何新鲜事物。

7　每种生物，只要依循本性指明的正道前行，就能达成圆满。对理性的本性而言，它的正道就是，对驻留心间种种印象里的任何虚假或含糊的东西都不予赞同，将冲动的念头都引导到有益社会的行为上去，将自己的好恶限制在自己力所能及的范围之内，对宇宙自然分配给自己的一切欣然接纳。因为它也是宇宙本性的一部分，正如叶子的本性是植物的本性的一部分：只是叶子参与的那种本性，缺乏感知和理性，容易折损。而人有份参与的那种本性，是畅行无阻、明智和公正的——因为它为每种造物赋予了合理而适当的寿命、物质、因由、活力和经验。不过不要寻找一一对等的实例，而应该着眼于总体的对等——这一类造物的总和与另一类造物的总和大致相当。

8　虽不能学习，却能遏制自负；能战胜享乐和痛苦；能超脱于虚荣之上；能不对冷酷无情和忘恩负义之人发怒，甚至还能关照他们。

9　别再让人听到你抱怨宫廷生活，也别让自己听到你的抱怨。

10　所谓后悔，就是责怪自己错失了有益的东西。善当然是有益的东西，对至善之人至关重要。而至善之人并不会为错过享乐而后悔。因此享乐既不是有益的东西，也不是善。

11　这样东西究竟是什么？ 它的构造如何？ 它的物质和因由有哪些成分？ 它在世间有何用处？ 能存在多久？

12　在你不愿起床的时候，提醒自己：做有益于社会的事，既是你的性情，也是人的本性，而睡觉则是你和愚蠢的动物都会做的事情。符合某种存在的本性的，与它的关系也就更加密切，其本质更有价值，对它的同类来说，也就更有意义。

13　反复检验你心里留下的种种印象——倘若能够做

到，不妨逐一检验：调查其起因，辨明其情绪，分析其逻辑。

14　每当你遇到某人的时候，先问自己这个问题："他对人生的善恶抱有何种信念？"因为如果他对享乐与受苦，以及构成这两者的要素，对美名远扬和默默无闻，对生与死抱有这样那样的信念，那他做出这样那样的事来，我就不会感到惊讶或奇怪了。

15　为无花果树结出无花果感到惊讶，是荒唐的。还要记住，当这个世界的产物已经摆在那里的时候，还为它竟会生出这样的产物感到惊讶，也是没有理由的。医生为病人发烧感到惊讶，船长为遇上逆风感到惊讶，也同样荒唐。

16　记住：改弦易辙或接受他人的纠正，并不影响你的自由。行动仍是你做出的，驱使你做出这一行动的，是你的意念和判断，是你的智慧。

17　如果选择是你做出的，那你为何要那样做？不过如果是他人的选择，那你怪谁——怪罪原子还是怪罪神明？两者都是疯狂行径。没有什么好怪罪的。如果你有能力，就纠正他的为人，如果你做不到，至少把事情本身纠正过来。如果连这一点也不可能做到，那怨天尤人又有何用？ 不要做没有意义的事。

18　逝去的事物并未脱离宇宙。倘若它停留在这里，并且发生了变化，那它也会分解成恒久存续的成分，也就是构成宇宙和你的各种元素。它们也会发生变化，并且不会抱怨什么。

19　一切事物的诞生，都是有意义的——比如马、葡萄藤。这让你感到惊讶吗？ 就连太阳神都会说："我的诞生是有意义的。"其他神明亦然。那你被创造出来，意义何在呢？ 是为了让你享乐？ 可以这样认为吗？ 不妨考虑一下。

20　自然既关注每样事物的消亡，也关注其初生和延续——就好比人将球抛起一般。怎么能说球往上飞是好事，往下落或者落在地上是坏事呢？ 怎么能说气泡的生成是好事，破裂是坏事呢？ 烛火也是类似的例子。

21　将肉体内外翻转过来，看看它是什么样，它在衰老、生病、死亡时，又会变成什么样。

对歌颂者与被歌颂者，铭记者与被铭记者来说，人生都是短暂的。更何况这些仅仅发生在陆地的一隅：甚至在这里，也不是所有人都能和睦相处，甚至一个人跟他自己也未必能达成和睦。整个世界也不过是宇宙中的一个小点而已。

22 把精力放在眼前的事物或行动上，放在原则或意义上。

你所经历的，都是你应得的。因为你宁愿明日为善，也不愿今日为善。

23 做事？我做事，是为了人类的利益。我遭遇了某件事？看在众神和宇宙源头的分上，我会接受它，互相关联的万事万物正是从宇宙的源头中涌现出来的。

24 就像你看到自己沐浴时的光景一般——那些肥皂、汗水、污垢、油腻的水，全都令人恶心——生活的每一部分和生活中的每样事物也是一样。

25 鲁西拉埋葬了维鲁斯，然后鲁西拉也被埋葬了。塞孔达①埋葬了马克西穆斯，然后塞孔达也被埋葬了。埃皮廷查努斯和戴奥提穆斯，安东尼和福斯蒂纳②也是一样。一向如此。克勒尔③目睹了哈德良④的下葬，然后他自己也入了土。那些敏锐的心灵，那些先知或自命不凡的人，如今又在哪里？比如卡拉克斯、德米特里⑤、尤德蒙等人，无疑正是心灵敏锐之士。不过有谁不是朝生暮死呢。有些人很快便被人遗忘，有些人成了传说，还有一些人已经从传说中销声匿迹了。

所以你要记住，组成你肉身的可怜成分必将烟消云散，而你那脆弱的灵魂要么会毁灭殆尽，要么会转移到别的地方。

26　人的乐趣就是做人应该做的事。人应该做的事就是善待同类，无视感官的刺激，判断哪些印象是可信的，思考宇宙自然，以及因为宇宙自然而发生的一切。

27　三重关系：一是你与周围环境的关系；二是你与神

---

① 塞孔达 (Secunda)，可能就是马克西穆斯的妻子。
② 福斯蒂纳 (Faustina)，安东尼的妻子，奥勒留的姑姑。
③ 克勒尔 (Celer)，奥勒留演讲方面的指导老师。
④ 哈德良 (Hadrian)，此处可能指前文提及的哈德良皇帝，也可能指一位同样名字的诡辩家。
⑤ 德米特里 (Demetrius)，可能是一位犬儒学派哲学家，被罗马皇帝韦斯巴芗放逐。

圣的因由之间的关系，发生在人们身上的一切正是因它而生；三是你与同辈或同时代的人之间的关系。

28　对肉体而言，痛苦是一种祸患——那就让肉体表露出受害的迹象好了——对心灵而言，痛苦也是一种祸患。不过心灵可以风轻云淡，不把痛苦当作祸患。每一次判断，每一次冲动、欲望和抗拒，都发生在心灵之中，没有什么祸患能够深入其中。

29　用这种方式抹去留在心里的种种印象——经常对自己说："我有能力让自己的心灵不被任何恶行、激情和混乱所干扰，能够看清所有事物的真实面貌，按照它们的价值来处置它们。"要记住自然赋予你的这种能力。

30　在元老院说话，或者跟任何人单独谈话，都要直截了当，不要有学究气。所说的话要让人感到真实可信。

31　奥古斯都的宫廷——妻子、女儿、孙辈、继子、妹妹、阿格里帕、亲属、家眷、朋友、阿瑞尤斯、梅塞纳斯①、医师、卜官：整个宫廷的人都亡故了。再看别的例

---

① 梅塞纳斯（Maecenas），罗马政治家，皇帝奥古斯都的外交官和顾问。

子，故去的不只是个体，而是整个家族，比如庞培家族。在墓碑上，经常能看到"家族遗孤"这样的碑文。想想看，祖辈们为传宗接代忧虑不安，到了后来，总会有一个人变成家族的遗孤。整个家族也终将不复存在。

32　你必须一步步地走完人生，只要每一步都做到最好，就应该知足了，没有谁能阻止你取得这样的成就。"但总会有一些外在的障碍。"但没有什么障碍能妨碍公正、自制和理性。"但也许其他活动会受到妨碍。"那就欣然接受这种妨碍，做出明智的改变，顺应形势，很快便会有新的活动取而代之，成为你的人生的组成部分。

33　谦卑地接受，轻松地放弃。

34　如果你看到过砍掉的手足，或者身首异处的尸身——那么当一个人脱离群体，落落寡合时，他也是在以同样的方式戕害着自己。假如你脱离了自然的集体——你生来就是它的组成部分，如今却同它割裂开来。不过这件事还有一个奇妙的地方——那就是你还可以重新回到集体中去。躯体的部位可享受不到这份神恩，一旦被斩断，就再也接不回去了。可见神明对人是何等地眷顾有加。他从一开始就赋予了人跟整体藕断丝连的能力，就算人一度脱离了集体，他也可以重新回归，回到他作为集体成员的位置上去。

35　正如整体的本性是所有理性造物诸多本领的源泉，它也将这种本领赋予了我们。正如自然可以将各种作梗或作对的事物收归己用，将它纳入命运的安排，变成自身的组成部分，理性的存在也可以将各种障碍转化为对自己有用的素材，用它来帮助自己实现初衷。

36　不要因为你的人生图景感到压抑，不要总想着过去或未来有多少艰难困苦。只要在当下的每一个瞬间扣心自问："在这项工作里，有哪些地方令我不堪承受？"你会羞于承认的。然后再提醒自己，给你带来沉重负担的，既非未来亦非过去，总是现在：只要你能将现在隔绝开来，谴责自己软弱的意志，竟然连这样一点事都无法承受，那么现在带来的负担就会随之减轻。

37　潘提亚或佩耳伽摩斯如今还坐在维鲁斯①的棺旁

---

① 维鲁斯（Verus），此处是指卢修斯·维鲁斯（Lucius Verus），前文中提到的潘提亚是他的情妇。

吗？卡布里亚斯或戴奥提穆斯是否还坐在哈德良的棺旁？荒唐！如果他们还坐在那里，逝者会知道吗？如果他们知道，他们会感到高兴吗？如果他们感到高兴，那送葬者就会永垂不朽吗？他们的命运不也是先垂垂老去——像别人一样变成老妪和老翁——然后逝去吗？他们逝去之后，他们哀悼过的人又会如何？他们全都化作了腐尸与朽骨。

38 倘若你有敏锐的眼光，那就运用它吧，不过正如诗人所云，还要加上明智的判断。

39 在理性存在的构成中，我看不到什么有悖正义的美德，不过我的确看到了有悖享乐的美德——节制。

40 某事看似痛苦，其实只要你抛开自己对它的判断，就不会再有痛苦的感觉了。"什么是自己？"理性。"可我不只是理性。"姑且这样看吧。因此不要让理性给它自身惹来痛苦，要是你的其他部分陷入困境，它尽可以自行做出判断。

41 对动物的本性来说，感官方面的障碍是有害的。对动物的本性来说，欲念方面的障碍是有害的。（对植物的构造来说，某种其他方面的障碍也是有害的。）由此可知，对智慧存在的本性来说，思想方面的障碍也是有害的。

现在，把这些道理用在自己身上吧。痛苦与享乐对你是否有影响？把它们留给感官好了。你冒出一股做事的冲动，然后遇到了某种阻碍吗？倘若你的目标是要无条件地实现你的愿望，那你遇到的阻碍的确给你的理性造成了损害；不过倘若你能接受平常的经验，那你就不会遭受什么损害，也不会引起什么损害。你要明白，别人并不能妨碍你的思想正常地发挥作用。只要你的思想"独自变成一个完美的圆"，那么不论是烈火、钢铁、暴政、诽谤，还是别的什么东西，都无法触及它。

42 我没有理由伤害自己，我从未有意伤害过任何人。

43 乐趣因人而异。我的乐趣是让支配我的心灵保持纯洁，不抗拒生活或境遇，用善意的眼光看待一切事物，欣然接纳它们，或者恰如其分地运用它们。

44 瞧，不妨把当下一刻当作天赐的礼物。那些热衷追求身后美名的人，没有看清后世之人跟他们反感的今世之人并无不同，而且他们也会死去。后人对你的毁誉褒贬，对你来说算得了什么？

45　你把我拿起来，随便扔到哪儿去。不论我落在哪里，都会让心中的神灵保持快乐——保持满足，只要我的心态和行为符合它的性情。

眼前的事，是让我的心灵感到不适——惭愧、渴望、受到束缚、胆怯——的理由吗？　你能为此找到合适的理由吗？

46　人所遭遇的事，没有什么是在对人来说属于自然而然的经历之外的——牛不会遭遇与其本性格格不入的事情，葡萄藤也不会遭遇与其本性格格不入的事情，石头也不会遭遇与其特性格格不入的事情。所以，既然每种事物的遭遇，对它来说都是惯常和自然的，那你还有什么好抱怨的呢？宇宙自然不会让你遭遇令你无法承受的事情。

47　如果你为某种外在的因素感到苦恼，那么困扰你的并非事情本身，而是你本人对它所做的判断——而你可以将这一判断当场抹消。如果令你感到苦恼的，是你自己的某种观念，那么没有谁能阻止你纠正自己的看法。所以，如果你觉得，某件事值得去做，并为自己没有付诸行动感到苦恼，那为什么不去做，何必发愁呢？"可是那里有无法克服的障碍。"那就没有什么好苦恼了，因为失败的原因并不在你。"可如果我没有把这件事做成，人生就没有了价值。"那你就应该像夙愿得偿的人一样安详地离世，不要怨恨那些妨碍你的人。

48　记住，只要你那起支配作用的心灵能够自给自足，不做任何它不愿做的事情，就算它的处境并不合理，它也是不可战胜的。当它做出合理而深思熟虑的判断时，就更是如此。所以不受激情影响的心灵就如同一座堡垒：没有比它更坚实的躲藏之处，所以来这里避难的人是不会受到伤害的。没能认清这一点的人是无知的，认清了这一点，却没有来这里寻求庇护的人是不幸的。

49　在你的第一印象表明的情况之外，无需再对自己多说什么。你听说某人正在对你恶语中伤。这就是你收到的报告：你并未听说你受到了什么伤害。我看到我的小儿子生病了。这就是我看到的情况：我并未看到他有危险。因此始终固守第一印象，不要从自己的思考中得出什么结论——这样就可以了。或者可以补充这样一条结论：世间发生的一切，都是人所熟知的。

50　泛苦的黄瓜？丢开便是。路上有荆棘？绕开就好。只要这样做就够了，用不着问："世上怎么会有这些东西？"这个问题会被熟悉自然的学者讥笑，正如你在木匠或鞋匠的铺子地面上看到刨花或碎皮革，发出抗议，会遭到他们讥笑一样。不过他们有丢弃垃圾的地方，而整体的本性在自身之外，并没有那样的地方。它的技艺妙就妙在，它设定了自身的边界，将内部看似腐朽无用的各种事物加以回收利用，然后用这些材料创造出新的东西。因此它不需要什么外物，也不需要丢弃废物的地方。因此它有自身的空间、自身的材料、自身的技艺，就足够了。

51　行动不宜迟缓，言语不宜混乱，思想不宜含混。切勿萎靡不振或洋洋自得。生活中可以有些闲暇。

"他们杀戮，他们肢解，他们发出诅咒。"这与你的心灵保持纯洁、理智、清醒、公正有何关系？正如某人来到清澈甘甜的泉边，诅咒这口泉——它依然会涌出好喝的泉水。他尽可以往里投掷污泥或粪便，很快，泉水就会将它们冲散、冲走，并不会沾染什么异色。那你怎样才能像持久涌流的泉，而不是水池那样呢？只要始终保持自由的心态——还要做到始终善良、纯朴、谦逊。

52　不知道宇宙井然有序的人，也不知道自己的位置何在。不知道宇宙与生俱来的意图的人，也不知道自己的身份，或者宇宙为何物。对于这些一无所知的人，也说不清自己存在的目的是什么。所以，对一帮不知自己身在何处、不知自己是何许人的追随者，有人还心怀畏惧或者希望博得他们的赞扬，你对这种人观感如何呢？

53　一个人一小时咒骂自己三次，你还想得到他的称赞吗？一个人无法令自己感到满意，你还想让他感到满意吗？一个人对自己做的事几乎事事懊悔，他还能让自己感到满意吗？

54　不要只从周围的空气中吞吐气息，还要从包容万物的意念中获取见解。那股意念的力量就如同空气一般，无所不在：它可以任人汲取，正如空气可以任人呼吸一般。

55　总体而言，邪恶并不会给宇宙带来什么危害。个体的邪恶并不会给受害人造成伤害，它只会伤害到为恶之人，而且只要他愿意，便可以马上摆脱这份伤害。

56　对我用以做出决断的意志而言，邻人的意志无关紧要，正如其呼吸和肉体无关紧要一样。当然，我们首先是为彼此而生，但支配我们每个人的心灵各有各的权威。否则邻人的恶念也会危害到我：将我的不幸交由他人来掌握，这可不是神明的意图。

57　阳光看似向下倾泻，实则照耀四方，但并非释放一空。这种倾泻是笔直的延伸：所以光束才被称作光线，因为它们就像延伸的线条那样辐射开来。只要你观察阳光如何透过狭缝照进暗室，就能弄懂光线为何物。它在空气中笔直延伸开来，落在——姑且这样说吧——另一边阻碍它通行的固体上，而它会停在上面，并不会滑落或者坠落。

宇宙的意念也是这样流动和扩散——不像会枯竭的河

水，更像恒久的辐射。它落在遇到的障碍上，并不会带来沉重的压力：它不会坠落，而是停在上面，将其照亮。任何不能反光的东西，都会失去被它照耀的机会。

58　恐惧死亡就是恐惧无知无觉或者另一种知觉。倘若你不再拥有知觉，也就不会再意识到任何坏事。倘若你有了另一种知觉，那你就成了另一种存在，生命仍将延续下去。

59　人们是为彼此而生。因此要么教导他人，要么容忍他人。

60　箭矢往一个方向飞，意念往另一个方向飞。不过意念即使在保持警惕或展开调查的时候，也是直来直去，直奔目标的。

61　走进支配每个人的心灵中去，让别人走进你的心灵中来。

第九卷

　　当前的判断确凿无疑，当前的行为有益社会，当前的心情对任何外来的影响都能欣赏接受，有这些就够了。

　　排除幻想，遏制冲动，抑制欲望：让你那起支配作用的心灵自己做主。

1　不公即罪过。宇宙自然造就出理性的造物，让他们彼此互助——他们理应彼此互惠，但绝不应该彼此伤害——任何违背其意志的人，显然都犯下了违抗最古老神明的罪行：因为宇宙自然就是终极现实的本性，而现存的一切都与终极现实有关。

说谎也是违背那位神明意志的罪行，她就是真理之神，一切真实的事物都是因她而生。有意说谎者的罪过在于，他的欺骗造成了不公；无意间说谎者的罪过在于，他与整体的本性不合，与井然有序的宇宙自然不合。任由自己被带到与真实相悖的位置上，就已经是在对抗真理了。他曾收到本性的提醒，却置若罔闻，如今已经丧失了分辨真伪的能力。

此外，把享乐当成善来追求，把痛苦当成恶来回避，也是罪过。这样的人难免常常责怪宇宙自然，责怪它在善人和恶人中间做出的分配有失公正，因为恶人常常纵情享乐，拥有可供享乐的财物，而善人往往会遭遇痛苦和引发痛苦的事件。

而且，畏惧痛苦的人也会对今后发生的某些事心存畏惧，这是罪过。追求享乐的人不肯远离不义——这显然是罪过。那些和本性心意相通，遵循本性行事的人，必然像宇宙自然一样，对种种相互对立的事物一视同仁——如果宇宙自然不是抱着一视同仁的态度，她就不会创造出这些对立的事物了。因此若不能像宇宙自然那样，对痛苦与享乐、生与死、美名远扬与默默无闻一视同仁，显然也是在犯罪。

我所说的"宇宙自然对这些事物一视同仁"，指的是这些事物借由因果，不偏不倚地发生在一切存在上，它们之所以发生，是为了实现神意。正是神意从最初的前提着手，建立起了目前的宇宙秩序：她为即将诞生的事物制定出特定的准则，用造物的力量制造出物质、变化和接连不断的重生。

2 拥有判断力和感受力的人，宁愿从未体验过欺骗、虚伪、奢侈、浮华，便离开人世。第二好的情形就是在咽气之前，厌倦了这些事情。或者你宁愿与恶行为伴？难道你的阅历尚未说服你躲避这种瘟疫？因为心灵的堕落，要比我们呼吸的空气遭到污染还要严重。后者会影响到动物的本性，而前者会影响到人性。

3 不要藐视死亡；要把它当作自然意志的一部分，欣然接纳。我们的消亡，跟人生各个时节里的其他自然进程并无不同——比如年轻与年迈，成长与成熟，牙齿、胡须与白发的长成，受精、怀孕与分娩。所以用经过深思熟虑的态度来看待死亡，便不会有浅薄、苛求或鄙薄的想法，只要像等待大自然发挥一项功能那样就好。所以你应当像等待妻子生子那样，期盼着灵魂离体的那一刻。

如果你想再要一套评判标准——虽不科学，于情感却有效——那么你只要停下来，想想你将会抛开的那些事情，还有再也不会玷污你心灵的那些人，你就能十分轻松地直面死亡了。当然，你绝不能对他们发怒，应该关心他们，善意地容忍他们，不过你还是应该想到，死亡可以让你从想法迥异的人们当中获得解脱。若是能与志同道合的人一起生活，单是这一点，就能让人对人生眷恋不舍。然而现实情况却是，你知道跟人们格格不入的生活有多么令人厌倦，所以你会说："快些来临吧，死亡，不然我也会忘记自己是什么人了。"

4　犯罪者是在对自己犯罪，作恶者是在对自己作恶，他败坏的是自己的品德。

5　为非作歹与漠然置之，往往都是错的。

6　当前的判断确凿无疑，当前的行为有益社会，当前的心情对任何外来的影响都能欣然接受，有这些就够了。

7　排除幻想，遏制冲动，抑制欲望：让你那起支配作用的心灵自己做主。

8　非理性的造物都有一个活生生的灵魂，理性的造物都有一个理智的灵魂，正如尘世的万物都享有同一片土地，同一片照明的光亮，我们这些拥有视力和生命的人，也呼吸着同样的空气。

9　质地相同的事物，倾向于彼此聚合。土质的事物倾向于泥土。水质的事物能够彼此合流，气体也是一样，所以它们需要借助有形的障碍，才能彼此分开。火焰向上升腾，是因为火元素的缘故，但它也热衷于帮助下方的火焰燃烧起来，因此凡是干燥的事物，都不难引燃，因为它缺少妨碍燃烧的成分。

拥有同样智慧本性的生物，也会彼此聚集，这种倾向在它们身上，体现得甚至更为明显。它们同类之间彼此亲近的程度，跟它们比其他生物优越的程度是相称的。

因此在非理性的造物当中，从一开始就能看到蜂群、兽群、鸟类有育雏的现象，这是某种爱意的体现：它们已经有了灵性，越是高等的生物，它们之间彼此维系的纽带就越强，这种纽带在草木和石头那里是找不到的。而在理性的造物中间，有公民团体、友情、家庭、议会，有战争协定和休战。而在更高级的事物当中，存在着一种不为距离所阻隔的团结，比如星辰就是如此。因此高等的存在，即便成员彼此远离，也能影响到同类的感觉。

再看看眼下的情况吧。只有那些智慧的造物，忘记了彼此团结的本能；只有在他们这里，才会看不到合群的迹象。他们可以逃避，但终究无法逃离，这就是本性的力量。只要仔细观察，就会明白我的意思。没有复归尘土的泥土制品容易找到，而完全脱离人群的人难得一见。

10　人、神和宇宙都会在恰当的时节，孕育出自己的果实。"孕育果实"的说法通常只限于葡萄藤之类的植物，不过这没有什么关系。理性也有自己的果实，它既是普遍的，也是特定的；其他由理性产生的事物，也有类似于理性的特点。

11　倘若你能做到，就让他们知道，怎样做才会更好。倘若你做不到，就记住，这正是你拥有善良这一天赋的理由。众神也善待这样的人，甚至好心好意地帮助他们达成一些目标——健康、财富、名望。你也可以这样做。告诉我——有谁会阻拦你呢？

12　工作。不要像悲惨的苦力那样工作，也别指望获得别人的怜悯或钦佩。目标只有一个：那就是按照公众利益的要求，行止有度。

13　今天，我避开了所有的烦扰——或者更确切地说，我抛开了所有的烦扰。烦扰不在外面，而在心里，它们只是我自己做出的判断。

14　一切并无不同：在经验上类似，在时间中转瞬即逝，而本质则卑贱。如今的一切，跟我们已经埋葬的旧时代的一切并无二致。

15　单纯的物体孤零零地待在我们的门外，它们对自身并无认识，也不曾表明自身的情况。那么是什么表明了它们的情况呢？是支配我们的心灵。

16　对理性的社会化存在来说，善恶并不在于感觉，而在于行动：正如他自己的美德或恶行并不体现在他的感觉中，而是体现在他的行动中。

17　一颗扔到空中的石头：它的坠落没有什么不好，它的升空也没有什么好。

18　看透他们那起支配作用的心灵，你就会看清你惧怕的批评者究竟是哪种人——他们是些多么可怜的批评者啊。

19　一切都处于变化之中。你自己也在不断改变，日渐衰朽。整个宇宙亦然。

20　别人犯的错，你不要去管。

21　活动的终结，冲动或判断的停息——也是一种死亡，不过并没有什么害处。现在再看你的各个人生阶段——童年、少年、青年、老年。它的每次变化也是一种死亡：其中有何可怕之处？再看你祖父、你母亲、你继父的人生。你也会发现很多消亡、改变或终结的例子，问问自己："其中有何可怕之处？"因此你的整个人生当中的终结、停息和改变，也没有什么可怕。

22　赶紧看看你那起支配作用的心灵，整体的意念，还有这个人的意念。观察你自己的意念，是要让它处事公正；观察整体的意念，是要让你回想起自己是它的组成部分；观察这个人的意念，是要看清他是无知还是有所图谋——同时也考虑一下，他的意念跟你的意念相差无几。

23　正如你是弥补这个社会体系的一员，因此你的每一项行为，应该也是对合乎社会准则的生活的补充。因此你的某项行为若是与社会化的目标没有直接或间接的关系，就会把你的生活搞得四分五裂，令它无法和谐如一。那是一种反叛的举动，就像民众的一员从众人的和睦相处中单方面地脱离出去一样。

24　孩子们的吵闹和嬉戏，"背负着躯壳的小精灵"——《奥德赛》①里的冥界让人觉得更真实!

25　绕开事物的物质要素，直接研究让它得以存在的因由。然后确定这一样事物凭借其本性，最多可以存在多长时间。

26　你承受了无穷无尽的困扰，是因为你没有让支配你的心灵去完成它生来便要完成的工作。不过到此为止吧。

27　当别人谴责你或者憎恨你，或者人们做出类似的批评时，不妨看看他们的内心，看看他们是哪种人。然后你就会明白，即使他们对你有意见，你也用不着焦虑不安。不过

---

① 《奥德赛》(*Odyssey*)，古希腊史诗，相传为古希腊诗人荷马所作，讲述英雄奥德修斯历经艰辛返回家园的故事。

还是应该善待他们。按本性来说，他们是你的朋友，而且众神也用各种方式帮助他们——通过托梦和神谕——至少众神会帮他们实现孜孜以求的目标。

28 宇宙的循环总是如此，上下往复，从永恒走向永恒。整体的意念要么在每一个个体上都留有一股特殊的冲动——倘若果真如此，那你对结果应该欣然接受——要么，它只有一股原初的冲动，其他一切都是由此而生：那你有什么好担心的呢？ 整体要么是一名神祇——那便一切都好；要么，如果整体是无目的的——原子或分子的某种随机排列——那你自己不应当毫无目的。

我们很快就会被埋入泥土。然后泥土也会发生变化，后面还有无穷无尽的变化。只要想想这些层层叠叠的迅疾变换，就会对所有终将湮灭的事物不以为然。

29 宇宙的因由如同一股洪流，将一切裹挟而去。所以，这对你来说意味着什么？ 按照本性在当下的要求行事吧。倘若你有这份能力，就马上着手，用不着回头看别人会不会知道。不要寄希望于柏拉图的乌托邦，要满足于点滴的进步，但不要把取得的成绩看成多大的成就。那些认为自己的一举一动事关哲学的小人物，在公众的眼里，是多么微不足道啊！他们满脑子都是浆糊。有谁能改变他们的观点呢？既然改变不了观点，那么除了奴役——让人们一边抱怨一边服从——还有什么别的选择？接下来，再给我讲讲亚历山大、腓力①和法莱隆的德米特里②吧。如果他们看清了宇宙自然所抱的意愿，并且愿意向它学习，那我也会效法他们。不过如果他们只是趾高气扬地扮演了悲剧的角色，那么不会有谁非要我去模仿他们。哲学的工作是纯朴而谦逊的。不要诱使我陷入狂妄自大之中。

30　且从高空俯瞰——看那成千上万的牛羊，成千上万的典礼，在风暴或平静海面上航行的船只，一系列的创造、结合与消亡。也想想古人的生活，后人的生活，其他部族如今所过的生活；有多少人从未听说过你的名字，有多少人很

---

① 腓力(Philip)，即腓力二世(Philip II)，马其顿国王（前359—前336），亚历山大大帝之父。
② 法莱隆的德米特里 (Demetrius of Phalerum)，古希腊的演说家，以雄辩著称，他是哲学家泰奥弗拉斯托斯的学生。

快便会将它遗忘，有多少如今称赞你的人，或许很快便会对你责备有加。想想看吧，无论是回忆还是名望，还是别的什么东西，全都不值一提。

31 对外在因素引发的事情，要冷静地接受，对你自发的各种行为，要持守公正。换言之，就是要让冲动和活力在有益社会的活动中得到实现，有益社会的活动所展现的，正是你的本性。

32 你可以摆脱许多不必要的困扰，它们全在你自己的判断之中。你马上就可以给自己营造出广阔的空间，只要你将整个宇宙纳入自己的思绪，凝望时间的永恒，思考万物的瞬息万变——从诞生到消亡之间的罅隙是多么的狭小，在你出生之前和身故之后的时间鸿沟又是何等的宽广。

33 你所看到的一切，很快便会消亡；那些目睹这些归于消亡的人，很快自己也会归于消亡。长寿或早夭并无不同。

34 这些起支配作用的心灵是怎样的？ 他们追求什么，是什么支配着他们的喜好和价值观？ 尝试看清他们赤裸的灵魂吧。他们居然以为他们的指责能给别人带来伤害，他们的赞扬能给别人带来好处，这是什么样的想法啊！

35　失去不外是变化。宇宙自然喜欢变化，从自然中诞生的一切都是有益的。同样的事情亘古至今一直在发生，这种状况还会一直延续到永恒。所以你为何要说，已经发生和将要发生的一切都是坏事，所有的神明显然无力纠正这一状况，因此人世始终为痛苦所掌握？

36　组成万物的物质都会腐朽。水、尘土、骨骼、恶臭。同样，大理石不过是泥土的沉淀，金银不过是沉积物；你的衣物是动物的毛皮，你的紫衣是鱼血染成；其他事物也是如此。生机也是一样，可以从这种东西变成那种东西。

37　受够了这种悲惨的生活，受够了抱怨和装模作样！你为何感到困扰？这件事有什么新奇？那件事有什么令你疯狂的地方？是它的起因吗？那就面对它。还是物质方面？那也面对它。在起因和物质之外，也不会再有什么东西了。不过即使是在为时已晚的此时此刻，也要留意你与众神的关系：让自己变得更加纯朴，更加善良吧。这样的探索，进行三年和一百年，并无不同。

38　如果他做了错事，他伤害的是他自己。不过他也有可能并未做错。

39　要么万物出自同一个理性的源头，它们相继问世，如同一副协调一致的躯体，因此某个部位不应当抱怨对整体有利的事情发生——要么一切都是原子，此刻混合在一起，将来终究会分崩离析，别无其他。那你为何还要感到困扰？对你那起支配作用的心灵这样说："莫非你死了，衰朽了，变成了动物，正在装模作样，正在跟别的动物一起吃草吗？"

40　众神要么拥有力量，要么没有力量。如果他们没有力量，为何还要祈祷？　如果他们拥有力量，为何不祈求免于各种世俗恐惧、欲望或悔恨的能力，而去祈求这件事能够成真，或者那件事不要发生？　当然，如果众神能够与人合作，他们也能实现这些目标。

不过你也许会说："众神已经将这些交由我自行处理了。"那么，自由地运用你的能力，岂不胜过卑屈无力地担心力所不及之事？又是谁告诉你，众神不会帮我们实现我们力所能及之事？不管怎样，就这些事祈祷一番，看看情况如何吧。一个人祷告说："我怎样才能与那个女人同床共枕？"你就祷告说："我如何才能不再有与她同床共枕的欲望？"另一个人祷告说："我怎样才能摆脱那个人？"你就祷告说："我怎样才能不再想摆脱他？"另一个人："我怎样才能救回我的孩子？"你："我怎样才能不害怕失去他？"如此这般。把你的祈祷都变成这样，看看情况如何。

41 伊壁鸠鲁说："我生病的时候，并不会跟人谈起身体的不适，我不会跟看望我的人闲聊这些话题，只会继续探讨自然哲学的基本原理，尤其是这一点，心灵如何在承受肉体之苦的同时，保持镇定，追求自身的善。"他还说："我可不给医生们自命不凡的机会，始终维持着健康与适当的生活。"要是你生了病，不妨以他为榜样。各个学派都认为，无论遭遇何种不测，都不可放弃哲学，也不要跟外行人愚昧无知地闲聊。专心做好眼前的工作，专心使用你的工具。

42 当你因为别人的无耻感到恼怒时，应该马上问自己："人世间有可能再也没有无耻之徒吗？"不可能。那就不要指望不可能发生的事情成真。此人只是人世间难免会有的一名无耻之徒而已。对无赖、叛徒、各种令人恼火的人，都应当如此看待。只要承认这样的人难免会有，你就能用更加和蔼的态度来对待他们。

还有一种有用的想法，那就是自然赋予了我们纠正错误的品德。善意是残酷的解药，其他过错也有其他品质来纠正。总之，你总有办法让误入歧途的人改过自新，任何做错事的人，都是认错了目标，走上了歧途。

你又会受到什么伤害呢？你会发现，这些令你懊恼的人，没有一个能给你的心灵带来恶劣影响；真正的危害只能发生在心灵之中——否则便不存在。

不管怎么说，愚昧无知的人做出愚昧无知的事，有什么危害或者令人惊讶的地方呢？想想看吧。难道你不应该责备自己，居然没有料到这个人会做出这样的错事来？你的理性已经让你做好了准备，让你能够猜到这个人很可能会做出这样的错事，可你却忘到了脑后，还为他犯错感到惊讶。

最重要的是，当你抱怨别人忘恩负义的时候，先反省一下自己。如果你相信那般品性的人能够守信，或者你做了善举之后，觉得这样还不够，善举本身还不是足够的报偿，那么显然，错误在你这里。你行善还想要什么报偿呢？难道你做了合乎本性的事，还不够——还要给它开出一个价码？眼睛视物，腿脚行走，可曾要求回报？眼睛和腿脚正是为了派上这样的用场而生，按照它们的构造行事，才算尽了本分，人也是为了行善而生，当他做了善事或者有益于公共利益的事，他就已经实现了生而为人的目的，得到了自己的报偿。

第十卷

能够体察真谛的人，只需一句简短而平凡的提醒，便能忘却所有的痛苦与恐惧——比如：人生一世，草木一秋。

1 我的灵魂啊，你会不会变得善良、纯朴、独特、赤裸，比外表更美好？你会不会体验到爱恋之情？你会不会达成圆满，摆脱各种需求，不惦记任何东西，不渴望用任何有生命或没有生命的东西来享乐？不渴望更长久的欢乐，舒适的住所、空间和气候，或者是美好的陪伴？难道你对现状还不满意，对自己目前拥有的东西还不满足？难道你不能让自己相信，你所经历的一切都来自众神，一切都于你有益，今后也是一样？它们都是众神认为现在和今后适合赋予你的，众神以此来维持那个完美的存在，它善良、公正而又美丽，是它生成了万物，维持着万物的存在，又包容一切，吸纳着分解重生的一切。你会不会在分享众神与人们的陪伴时，既不责怪他们，也不受他们谴责呢？

2　观察你的肉体的本性需要什么，因为人需要维持生命的存续。然后欣然地接纳它，成全它，只要你那生机盎然的本性不曾受到损害。接下来，你应当观察，你的本性作为生机盎然的存在，需要什么：同样，你也应该全盘接受，只要你那作为理性存在的本性不曾受到损害。凡是理性的，必然是社会化的。心无旁骛地遵守这些规则吧。

3　发生的一切要么是你生来就能忍受的，要么不是。所以如果是你能忍受的事，就不要抱怨，只要像你生来就能做到的那样，忍受便是。倘若它超出了你的容忍范围，也不要抱怨：还没等你有机会抱怨，它就已经夺走了你的生命。不过你要记住，如果你认为某件事对你有益，或是你的职责所在，那么只要你认为自己能忍受得了，它就是你生来便能忍受的。

4　要是有人行差踏错，就和和气气地教导他，让他看清之前没有看清的事。要是你做不到，那你就责备自己好了——或者连自己也不要责备。

5　发生在你身上的事，是亘古至今便已经预备好的，纠缠难解的因由从源初起，就一直在编织你的存在和你所遭遇的事情。

6　不论宇宙是原子还是自然秩序，首要前提都是这样：我是受本性支配的整体的组成部分；其次，我与其他类似的组成部分关系密切。只要记住这些基本前提，记住自己是整体的组成部分，我就不会对整体安排的任何事感到不满。有益于整体的事物，绝不会对部分有害，而整体所包容的万物都是对它有益的。所有器官的功能都有这样一个共同点，宇宙自然也有这样一项额外的属性，那就是没有什么外因能强迫它制造出对自己有害的事物。

因此只要记住，我是如此构成的整体的一个部分，无论遇上什么，我都会感到幸福。既然我与其他类似的组成部分关系密切，那么我就不应该做任何不利于群体的事情，而应该善待亲族，一心为众人谋利，回避对众人不利的事情。只要这样做，就能够保证生活顺顺利利，正如某个公民致力于为同胞谋利，欣然接受城邦对他的安排时，你就会觉得他的生活一切顺利。

7 整体的各个组成部分，组成宇宙的一切自然成分，终将消亡——所谓消亡，实为变化。假如自然把组成部分的消亡确定为它们必须遭受的损害，那么随着各个组成部分的不断变化，随着它们与生俱来便注定经受的消亡，整体也会变得难以为继。难道自然有意破坏自己的组成部分，有意让它们暴露在危害之中，不可避免地陷入到危害之中？ 还是自然不曾发觉这样做的后果？ 这两种情况都令人难以置信。

不过倘若有人撇开自然的概念，解释说这些事物"原本就是如此"，那么一方面断言整体的组成部分生来便要经受变化，一方面又为变化感到惊讶或忿忿不平，仿佛这种变化是什么有悖自然的东西——尤其是每样事物都会分解为构成它的各种元素——这种态度未免太过荒谬。分解要么是种种组成元素的分崩离析，要么是固体化土，灵魂化气，以便融入整体的理性，不论整体是定期化为火焰，还是凭借永恒的转化来自我更新。

不要以为那固体和灵魂仍与最早诞生的时候一样。所有这些，都是在昨天或前天，由摄取的食物和吸入的空气汇聚而成。因此经历变化的是后来汇聚而成的部分，而不是你母亲生出的婴儿。就算汇聚而成的部分与你独特的自我存在有密切的关联，我认为，这与我方才提出的主张也没有多大关系。

8　给自己争取这样一些美誉吧——善良、谦和、真诚；思维清晰、乐天知命、富有主见——要留心，不要拿这些美誉去换取别的名声，要是你失去了这些称号，赶紧把它们找回来。还要记住，"思维清晰"是指你能明察秋毫；"乐天知命"是指愿意接受宇宙自然做出的安排；"富有主见"是指你的思想能够超脱于肉身的苦乐，超脱于虚名、死亡、其他无足轻重的事物。所以如果你能名副其实地保有这些称号，而不强求别人这样称颂你，你就会焕然一新，过上新的生活。

固步自封，在如今这般的生活中遭受撕扯和玷污，根本是毫无意义的防卫本能，就像已经被野兽咬得肢体残缺、皮开肉绽、鲜血淋漓的斗兽者，还要乞求多活一天，次日再以同样体无完肤的姿态，再次迎接野兽的爪牙。

所以你就着手搏取这几项美誉吧。如果你有能力保全它们，那就像来到幸福岛屿的人那样，停留在那种美好的境界里吧。不过如果你觉得自己力不从心，那就安心退守一隅，日后再重整旗鼓——或者彻底离弃生命，不要心怀愤懑，而要坦诚、自由、诚恳，像完成人生至少要完成的一桩功绩般离去。

将众神铭记于心，对你牢记这些美名大有帮助，你要记住，众神想要的并非奴颜婢膝的谄媚，而是让所有理性的存在能成长为它们应有的样子：他们想让无花果树做无花果树该做的事，狗做狗该做的事，蜜蜂做蜜蜂该做的事——人做人该做的事。

9 闹剧、战争、癫狂、麻木、奴役！只要你构想出那些神圣的教条，却不用自然哲学来加以检验，那它们就会被一天天地消磨殆尽。每个看法，每个行动，既要满足现实条件，也要践行理论，这样你才能维持洞悉一切的信心——这份信心无需招摇，但也不必掩饰。

你何时才能从俭朴中得到快乐，从尊严中得到快乐？何时才能从每一项认知中得到快乐——它的本质是什么，它在世界上处于何种地位，它的寿命有多久，它由何种成分组成，它属于谁，谁能将它交给别人，谁能将它夺走？

10　蜘蛛为捉到苍蝇而自得。人为捉到猎物而自得——野兔、网到的鲱鱼、野猪、熊、萨尔马特的俘虏①。不妨考察一下他们的动机，他们与强盗有何不同？

11　系统地研究万物化生之法，对自然的这一方面多加留意，训练自己勤加钻研。没有什么能像这门学问那样让人思维开阔。经过这般训练的人已经摆脱了肉身的桎梏，他承认自己很快便会抛下一切，离开人世，他已经全心全意地秉公行事，他在遭遇外界的种种时，已经将自己完全交托给了整体的本性。他压根儿不会考虑别人对他如何议论、如何看待，或者别人如何同他作对，只会为自己做到了这两点感到心满意足——那就是始终行事正直，欣然接受自己的命运。

---

① 萨尔马特的俘虏，是指来自西徐亚游牧部落的战俘。

他放弃了各种牵挂和野心，一心只想沿着合乎法则的正道而行，追随神明的足迹。

12 需要由你来分辨该做什么的时候，哪里还需要提醒或暗示——如果你能看清道路，那么心怀善意，坚定不移地走下去吧。如果你看不清道路，就停下脚步，请人指点迷津。如果还有其他因素妨碍你请教他人，那就凭借现有的手段，向前迈进吧，不过要多加小心，要始终秉持公正。公正就是最好的路标，因为任何失败其实都是败在有失公正上。

在方方面面都能遵循理性的人，心态既放松又积极主动，流露出镇定自若的气度。

13 一醒来便问自己："如果别人对实际是公正而真实的事情横加指责，这对你来说会有什么不同？"不会有什么不同。你当然不曾忘记，那些高声臧否他人的人，在他们的床上和餐桌上是何种表现，他们做的、回避或追求的是什么，他们如何偷抢拐骗，用的不是手脚，而是他们最珍贵的部位，就是生出信任、谦逊、真诚、法律、神性的那个部位。

14　自然赐予一切又收回一切。受过良好教育的谦逊之人对自然说："赐予你愿意赐予的，收回你愿意收回的吧。"他这样说并无挑衅之意，而是作为自然忠心的臣民来发言。

15　去日无多。就像在山上那样生活吧。在这里或在那里，并没有什么不同，只要你不论住在哪里，都把整个世界当作你的城邦。让人们看吧，让人们看看真诚的人合乎本性的生活是怎样的。他们要是无法忍受，就把他杀掉好了——这样的命运也好过像别人那样活着。

16　别再转弯抹角地探讨好人是怎样的。去做一个好人吧!

17　始终记得全部时间和全部存在是怎样的——还有每个个体就其存在的规模而言，只是一粒无花果的种子；就其维持的时间而言，只是钻子的一转。

18　随便想出一样存在的物体，想想即便在此时此刻，它也正处于分解和变化之中，在某种意义上，它也正在借由腐朽或崩溃获得再生：换言之，每一样东西生来便注定要经历这样的"消亡"。

19　人们在吃饭、睡觉、交媾或排泄时是什么样子? 他们下达命令时是什么样子? 自大、易怒、过分严厉地惩罚他人时，是什么样子? 现在他们因为哪些理由，出于哪些需要，表现得奴颜婢膝，过不了多久，他们还会表现得奴颜婢膝。

20　宇宙自然赋予每个人的事物是有益的。这份益处在赋予他的时候就会显现出来。

21　"大地喜爱雨露，骄傲的天空也爱将它施与。"整个世界喜爱创造未来。所以我对世界说："我跟你拥有同样的爱好。""这种事就爱发生"这句谚语不正是源出于此?

22　要么你在这里生活，如今已经习以为常；要么你就离开这里，并且是你自愿离开；要么你就死去，完成了自己的职责。没有别的选择。那就打起精神来吧。

23　要始终明白，别处"草不会更绿"，在山顶、海滨或者你想去的其他地方，一切并无不同。你会发现，柏拉图说的一段话很是贴切："为山谷所环绕，在羊群啼叫时，给它们挤奶。"

24　我那起支配作用的心灵，对我而言意味着什么？我正在把它变成什么样，把它派上什么用场？ 它的智力是否已经耗尽？ 它是否已经脱离了社会？ 它是不是已经跟肉体混在一起，失去了自主的能力？

25　弃主而逃的奴隶便是逃犯。法律就是我们的主人：因此违法者便是逃犯。同样，感到痛苦、愤怒或恐惧，便是抗拒万物主宰在过去、现在、未来确立的秩序——这种秩序就是法律，它规定了万物主宰分配给我们的是怎样的命运。因此感到恐惧、痛苦或愤怒，也就变成了逃犯。

26　男子将精子留存在子宫里，就离开了。然后另一种因果由此接手，造就出一个婴孩。怎样的开端，发展出了怎样的结果！ 后来也是一样。孩子将食物咽下了喉咙，另一种因果由此接手，造就出感觉和冲动，完整的生命和力量，以及各种奇妙的事物。

看看在这样的奥妙中，发生了什么吧，看看那发挥作用的力量，就像我们看到力量压下东西、托起东西一般——不是用我们的肉眼去看，但同样能够看清。

27　时常思考：如今发生的一切，以前也发生过。还要想到，它们今后还会发生。把类似场景的同样剧目铭记于心，包括你亲身经历的一切，还有历史上发生的一切——比如哈德良朝廷、安东尼朝廷、腓力朝廷、亚历山大朝廷、克罗伊斯朝廷。所有这些都跟现在一样，只是演员不同。

28　将每个诉苦或不满的人想象成行将献祭、蹬腿嘶叫的猪。躺在床上心中暗恨的人也是一样。想想束缚我们的那些绳索，所有造物都是被迫屈服，唯有理性的造物才被赋予了心甘情愿地顺从世事的选择。

29　想想你平常做的每一件事，然后自问，因为死亡而无法完成这件事，会不会让死亡变得可怕。

30　每当你因为他人犯错而动怒，就马上想想，你会犯下哪些类似的错误——有可能是看重金钱、享乐、名声之类的东西。这样一想，你的愤怒就能马上平息了。还可以再想一想，这个人是迫不得已——他还能怎么做？　或者，要是你有那个能力，就把迫使他那样行事的理由抹消吧。

31　当你看到萨提隆、欧提克斯或海门，想想他们在苏格拉底的圈子是什么样；看到欧提基昂或西尔瓦努斯，想想欧弗拉特斯；看到特罗派奥福罗斯，想想阿尔奇弗龙；看到塞维鲁，想想克里同①或色诺芬②；看到自己，想想凯撒家族的一员——每看到一位，都想想一位与他相仿的古人。然后再进一步思考：这些人如今身在何处？不知所踪，或者随便去了什么地方。这样你就总能将人生看作过眼云烟，尤其是你还能提醒自己，凡事一经改变，就无复永恒。那为何还要辛苦操劳？何不满足于有条不紊地度过这段短暂的光阴呢？

你试图逃避的，是什么样的物理环境，什么样的角色？所有这些不正是对细致考察人生种种的理性的运用吗？所以就坚持下去吧，直到你将这些全部吸收掌握，就像强有力的胃吸收所有的食物，或者明亮的火焰将你丢进去的一切化作光焰一样。

32 别让任何人有机会如实地指责你为人虚伪，并非善

---

① 克里同（Criton），苏格拉底的朋友。

② 色诺芬（Xenophon），古希腊历史学家和军人，生在雅典，哲学家苏格拉底的弟子。

类：要确保任何一个这样看待你的人都是骗子。这完全取决于你——谁能阻止你做一个善良、真诚的人呢？要是你无法拥有这些品德，就别再苟活于世了。理性也会放弃这样的人。

33 在既定物质条件下，怎样做，怎样说，才能取得圆满的效果？不论答案为何，做与不做，说与不说，决定权都在于你自己——不要把"遇到阻碍"当成借口。你绝不会停止抱怨，直到你体验到像享乐主义者纵情声色那样的快乐为止，那就是你对自己遇到的任何一种情况，都能做出合乎人性的恰当反应——就是说，这种反应合乎人的性情。因为你应该将按照本性行事视为享受；而你可以随时随地都可以这样做。

滚筒并不能随心所欲地到处滚动，水和火也是一样，自然界的物体和不具备理性的生物也是一样：它们的道路上布满藩篱和障碍。但心灵和理性却有这种能力，它们能够凭借本性和意志，越过每一道障碍。

不妨想象一下理性的这种轻松穿越一切的本领——就像

火焰升腾，石头坠落，滚筒下坡一般——毫无顾忌。其他障碍要么来自我们的肉身，要么——在没有先入为主的判断，也未经我们的理性准许的前提下——根本无力阻挠我们成事，或者造成危害。

若非如此，任何遇到此类障碍的人都会马上变成恶人。其他各种生物若是遇到任何障碍，它们自身的状况就会发生恶化。但人能恰当地运用情势，反而会变得更好，更值得称赞。总之要记住，凡不损害城邦的事物，也不能损害自然的公民；凡不损害法律的事物，也不能损害城邦。我们所说的不幸，都不能损害法律。因此不能损害法律的事物，也不能损害城邦和公民。

34 能够体察真谛的人，只需一句简短而平凡的提醒，便能忘却所有的痛苦与恐惧——比如：

人生一世，

草木一秋。

你的孩子也不外是"草木"。这些忠诚之人的高声颂扬，敌人的诅咒、默不做声的谴责或嘲笑，也是"草木"：那些维护你身后美名的人，也是"草木"罢了。所有这些都会"春来复苏"，然后又会在风中凋落，森林会"生出新芽"取而代之。万物都是朝生暮死——这是它们共同的命运——而你却追逐好恶，仿佛一切永垂不朽。很快你便会合上双眼，很快也会有人哀悼那将你埋葬的人。

35 健康的眼睛必须能看到所有的光景，而不能说"我只想看浅色的东西"——这是一种病症。健康的耳朵必须能听到各种声音，健康的鼻子必须能闻到各种气味，健康的胃必须一视同仁地接受它生来便要消化的各种食物。因此健康的心灵也要做好应对各种不测的准备。说出"我的孩子一定要活下去"，或者"我怎么做都会广受称赞"的心灵，与只看浅色的眼睛或只吃软食的牙齿无异。

36 没有谁能幸运到这种程度：临终时，卧榻边没有几个人为他即将遭逢的命运感到庆幸。最诚挚的贤者又如何？或许有人在他临终的那一刻默默思忖："摆脱了这位师长，我们终于可以喘口气了。他对我们这些人并不苛刻，不过我能感觉到，他在默默地责备我们所有人。"最诚挚的贤者尚且如此，至于我们，众人又有多少理由希望能摆脱我们呢？不妨在弥留之际想想这一点，只要你能这样劝解自己，就可以更加轻松地离去："我要离弃的是这样一种生活：就连我为他们百般付出、祈祷、操心的同僚们，也希望我离开，他们无疑希望我的死能给他们带来些许安慰。"所以何必留恋人世呢？

不过，不要因此在临终之际，对他们感到心灰意冷，而要固守自己的品格——友好、和善、大度。同样，你与他们分别，不应悲苦万状，而应该像安详的逝者灵魂与躯壳轻松分离一般。自然将你束缚在他们身边，使他们成为你的同僚，但现在自然解开了束缚。我离开他们，就像离开亲人一样，但我不会抗拒，也不需要强迫。这也是顺应自然的一种方式。

37 尽量养成这样的习惯，不论别人做了什么事，你都问自己："他这样做的目的何在？"先从反省自身做起吧。

38 要记住，那扯动丝线的，是我们隐秘的内心：它是行动的动力，是生活的准则，可以说，它就是我们自身。所以不要把外在的躯壳和周边的器官看得跟它一样重要。那些就像是斧头之类的工具，区别只是它们长在身上而已。一旦少了让它们开始或停止活动的媒介，它们就没有了用处，就像织工的梭子、作家的笔、车夫的鞭子一样。

第十一卷

尽可能用最美好的方式度过一生。这样做的力量就寓于人的灵魂之中，只要他能对无关紧要的事物淡然置之。只要他在看待这些事物的时候，既将它们视为一个整体，又能分析它们的组成部分，同时记住，它们无法强迫我们对它们做出判断，也无法强加到我们头上，这样就能做到淡然置之。

1　理性灵魂的性质：它能自我省察，自我塑造，让自己成为想要的样子，还能采撷自身结出的果实——而植物的果实和动物产的蛋，则是由他人采集。不论生命的局限摆在哪里，它都能达成自己的目标。舞蹈、戏剧之类的事物，若是出现中断，整场演出都会受到影响，但理性的灵魂即便随时遇到中断，它的安排也都是妥善的，因此它可以说："我拥有自身。"

而且理性的灵魂可以跨越整个宇宙和四周的虚空，探索宇宙的形态，穿越无尽的岁月，理解整体周期性的循环再生。它明白我们的后辈并不会看到什么新鲜事物，正如我们的先辈不曾看过一样：事物就是这般千篇一律。四十岁的人，只要明白事理，就已经在某种程度上，见识到了过去和未来的一切。

理性灵魂的特质还有爱邻人、诚实、正直，不认为有什么事物比自身的价值更高。后者也是法律的重要特质。因此真正的哲学信条和正义信条并无不同。

2　你不会看重歌舞或自由摔跤，只要你把歌曲的旋律分解成单个的音符，并且自问："这东西能控制得了我吗？"你当然不会承认。对于舞蹈，也可以分析它的每一个动作和姿势，摔跤也是一样。总之，除了美德和美德的效用，其他事物都可以拆解分析，不予看重。这套方法也可以用在整个人生上。

3　在必将到来的时刻，做好了脱离躯壳的准备，也做好了迎接后续事宜的准备——或者消融分解，或者留存下来——这样的灵魂是何等崇高啊！　不过这样的准备必须源于某种特殊的决断：不是基督徒那样的单纯的拒斥，而是经过了深思熟虑，富有尊严，而且——如果要让别人信服的话——并没有什么戏剧性。

4　我可曾为公众的利益做过一些什么？　那我也已经

得到了回报。要始终铭记这一点，还要坚持不懈。

5 你的信念是什么？ 做一个好人。不过这一信念只能通过哲学的认识来实现——既要认识整体的本性，也要认识人的特性。

6 起初，上演悲剧是为了提醒你：有可能发生什么事情。这些事情的发生是由本性所决定的，在剧场里打动你的事，不该成为人生舞台上的负担。你可以看到，事情必定会如何发展，就连那些呼喊"哦，基塞龙山①！"的人也只能忍受。

悲剧作家们还道出了一些有用的谚语。绝佳的例子有：

> "如果众神已经不再关照我和我的两个儿子，
> 其中必有缘由。"

还有："单纯的事物，残酷的事实，不应该激起你的愤

---

① 位于希腊东南部的一座山脉。俄狄浦斯曾被遗弃在这里，以避免杀父娶母的命运，后来他发现，自己竭力企图逃避的命运依然变成了现实，因而发出这样的呼喊。

怒。"以及:"成熟的谷穗会被收割,我们的生命也是一样。"

其他还有好多。

在悲剧之后,出现了旧式喜剧。其直言不讳富有教育的价值,这种直率的言辞本身就是有用的提醒,告诫人们不可妄自尊大——第欧根尼也采用这种方式,来实现类似的目的。然后,再仔细考察一下中期喜剧的特性和后来问世的新式喜剧的用意,它们渐渐沦为了单纯的模仿。诚然,这些剧作家也道出了一些有用的东西——只是这类诗文戏剧要旨何在?

7 在你看来,这是多么显而易见: 没有哪种生活方式,比你如今的生活方式更有助于将哲学付诸实践!

8 从相邻枝条上砍下的枝条,必定也是从整棵树上砍下的。同样,从一个人那里遣散的另一个人,也脱离了整个集体。枝条是被别人砍下的,但因为本人的恼恨或排斥,与邻人分离的人,并不知道自己也因此自绝于广大的同胞。将人们召集在一起的宙斯赐予了人们一份礼物: 我们可以回到邻人身边,恢复我们在集体中的位置。不过,若是这样的分离一再发生，便很难生长回去了。总之，不论园丁怎么说，从一开始便留在树上，跟树木一起蒸腾汁液的枝条，跟砍下之后重新接上的枝条并不一样。尽管生在同样的树干上，却不再同心。

9　正如试图阻碍你依循理性的正道而行的那些人并不能让你的行为偏离原则一样，你也绝不能让他们打消你对他们怀抱的善意。你应该在两个方面保持同样的警觉，不但要保持判断和行为的前后一致，对那些试图阻挠你，或者以其他方式令你不快的人，也要以和善的态度来对待。对他们发怒，跟惶恐不安地放弃军事行动向敌人投降一样，是一种软弱之举。这两种情况都不啻是逃避责任——后者是因为害怕而退缩，而前者是跟亲友闹出不和。

10　"本性并不逊于艺术"，事实上，艺术正是对种种本性的模仿。既然如此，那么在各种本性中，最完美也最容易理解的，便不会被任何艺术创造所超越。所有的艺术都是为了更高者的利益，创造出较低者，宇宙自然也是这般行事。这便是公正的起源，各种美德也由此诞生，因为我们若是在意无关紧要的事物，或者容易上当受骗，变化无常，那公正也就无法维持了。

11　对外部事物的追求或逃避，给你带来了重重困扰，然而它们并不是强加到你头上的，在某种程度上，它们是你自找的。无论如何，只要冷静看待它们，它们就会保持静止不动——你也就不会再去追求或逃避了。

12　灵魂是一个球体，它维持着自身的形状，不因任何事物膨胀或收缩，既不会闪耀光芒也不会黯淡下去，而是保持着始终如一的光亮，借着这股光亮明彻万物，明彻自身。

13　有人蔑视我？那是他的事。不过我会多加留意，不让自己的任何言行招致轻蔑。他痛恨我？那是他的事。不过我会好心好意地善待众人，让这个人看到他没能看到的东西——不是为了蓄意刁难，也不是为了表现自己的宽宏大度，而是出自真心实意，就像著名的福基翁[1]那样（我

---

[1] 福基翁（Phocion），雅典政治家、将领。

是说，倘若他的话并没有嘲讽的意思）。我们内心的想法应当具备这样的品质：经得起众神的考察，他们会看到一个不甘遭受指责、毫无怨尤的人。倘若你在此时此刻，按照本性行事，接受符合宇宙自然当前目标的事物，作为一个力图实现公共利益的人，又有什么能伤害得了你呢？

14　他们互相鄙夷，却彼此奉承；他们想要赢取胜利，却依然卑躬屈膝。

15　邪恶的人说："我愿意对你以诚相待！"你在说什么呢？用不着来上这样一段开场白——现实自会证明。你的心意自会写在额头上，从你说话的声调和目光中清清楚楚地流露出来，正如恋爱的人瞬间就能看懂情人的眼神一样。总之，善良真诚的人有些像是没有洗澡的人——任何人从旁边经过，不论是否愿意，都会马上闻到那股气味。做过算计的诚意不啻是匕首。没有什么比群狼的友情更能贬低身价的了：一定要避开才是。仁慈、诚实、善良的人，从目光里便能流露出真实的感情，不会让你看错。

16　尽可能用最美好的方式度过一生。这样做的力量就寓于人的灵魂之中，只要他能对无关紧要的事物淡然置之。只要他在看待这些事物的时候，既将它们视为一个整体，又能分析它们的组成部分，同时记住，它们无法强迫我们对它们做出判断，也无法强加到我们头上，这样就能做到淡然置之。事物本身是怠惰不动的：是我们对它们做出评判，在脑海中留下了它们的印象——但其实完全不需要留下什么印象，出乎意料地留下了印象，也可以立即抹去。还要记住，我们对这些事物的关注仅能维持须臾，然后生命就走到了尽头。再说，它们有什么不好对付的呢？倘若它们符合本性，欣然接受就是，你会发现，它们很好对付。倘若它们有悖于本性，那就去寻找符合你的本性的事物，孜孜以求，哪怕它并不能给你带来什么荣耀。任何人追求其正当的利益，都是可以谅解的。

17 凡是体验到的每一个对象，都不妨想想它的由来，它的成分，它正在发生何种变化，变化之后又是何种样子——它并不会受到什么损害。

18 一、我如何看待我与人们的关系，如何看待我们生来便要彼此互助的事实。从另一方面讲，我生来便是他们的领袖，正如公羊带领羊群和公牛带领牛群一样。不妨先从首要的原则开始思考。倘若不是原子，便是本性统御一切：倘若真是这样，那么较低者便是为了较高者而生，较高者为了彼此而生。

二、那些人在桌边、床上等场合表现如何。最重要的是，他们的主张迫使他们做出了怎样的行为，他们怎样为自己的行为感到洋洋自得。

三、如果他们做得没错，那就没有理由抱怨。如果他们做错了，显然是因为无知，而不是有意如此。正如没有谁愿意被剥夺真理，也没有谁不愿按照自身的价值，被他人恰当地对待。无论如何，这些人都痛恨别人谴责他们不公、冷酷、自私——总之，对邻人犯下过罪行。

四、你自己也有很多缺点，跟他们并无不同。就算你忍着不做某些错事，你也还是有着犯错的倾向，哪怕你忍着不像他们那样犯错，是出于对公众意见的敬畏或追求，或者其他类似的可怜动机，也是一样。

五、 甚至你都无法肯定，他们做的是否有错。很多事的完成，是为了实现一个更加庞大的计划。一般来说，要先了解许多细节，才能判定他人的行为是对是错。

六、 当你怒气勃发，失去耐心时，不妨想想人生只是须臾，我们很快便会入土。

七、 让我们感到困扰的，并非他们的行为——因为那些行为留存在他们各自起支配作用的心灵之中——而是我们对他们的判断。只要消除这些判断，摒除你将某种行为视为暴行的评价，那你的怒气自然就消失了。要如何消除这些判断呢？ 你只要想想，那些行为并未给你造成精神上的伤害。若非精神上的伤害才是唯一、真正的伤害，你也会为自己造成诸多伤害感到愧疚自责，沦为盗匪无赖之流！

八、 愤怒和痛苦的缘由造成的伤痛，远不如这缘由引发的愤怒和痛苦造成的伤痛严重。

九、 善意无可抵御——只要发自内心，而非逢迎作态。只要你始终善待有加，最好勇斗狠的人又能对你如何？若是他想害你，你只要抓住时机对他谆谆告诫，多花些时日加以教导就是。"不，孩子，我们是为其他目的而生，并非为此而生。我是不会受到伤害的，你害的只是你自己，孩子。"为他巧妙地指明事理，阐明蜜蜂或其他性喜群居的生物都不会这般行事。但你的劝告切不可语带讥讽或责怪。应当和蔼可亲、不伤感情，不可说教或卖弄给旁人看，而要只跟他一人交谈，无需顾及身边的人。

牢记以上九点——把它们当作缪斯①的礼物吧！——趁生命还在，开始做人吧。你在跟人们打交道时，既要避免阿谀逢迎，也要避免动怒：两者都有悖公共利益，还会造成危害。你在发怒时，要切记，动怒并无男子气概可言，和气镇定才更合乎人性，也更有男子气概。拥有力量、活力和勇气的，是和蔼之人——而非动怒和抱怨之人。越能控制感情，就越有力量。愤怒和痛苦一样，都是软弱的标志。两种情形都会招致损害，都是屈服投降。

---

① 缪斯（Muses），古希腊神话中掌管科学与艺术的九位女神。

如果你愿意，就从缪斯女神的上司①那里领受第十项礼物吧——希望恶人不做错事乃是疯狂，因为那是要求实现不可能的事。而允许恶人对别人做出错事，却要求他们不对你做出错事，无异于严酷的暴行。

19　起支配作用的心灵，有四种败坏的迹象，必须严加防范，一旦发觉，便须消除，若是遇上这些情况，可以用以下办法来应对："这种印象是多余的"；"这会削弱城邦的团结"；"这可不像是你说的话"（言不由衷不啻是自相矛盾）。需要警醒自责的第四种情况，便是你心中神圣的部分，臣服于卑下、短命的部分——肉体及其粗鄙的享乐。

20　融入你体内的所有气和火之元素，天然就有上升的倾向，但还是遵从整体的意志，守候在躯壳的范围之内。你体内的所有土与水之元素，天然就有下沉的倾向，但它们还是被托举起来，停留在对它们来说并不自然的位置上。因此就连元素也要服从整体：位置被分配好之后，

---

① 此处指阿波罗。

它们就只能停留在那儿，直到同一个源头发出允许它们分崩离析的信号为止。

所以说，你身上有智慧的部分居然存了反抗的心思，抱怨自己的位置欠佳，岂非怪事？何况并没有什么是强加给它的、安排给它的，只有合乎其本性的事物。可它还是不肯服从，把自己摆在对立面上。任何趋向不公或自我放纵的行为，趋向愤怒、痛苦或恐惧的行动，都与本性相悖。而且，不论何时，只要起支配作用的心灵对发生的事感到不满，那它也背离了自己的职位。心灵被创造出来，不光是为了待人公正，也是为了崇敬和侍奉神明——这也是一种交往的方式，或许比施行正义还要重要。

21 "没有始终如一的人生目标的人，也不可能做到毕生始终如一。"除非补充说明，那应该是怎样的目标，否则这句格言还是不够完善。众人认为好的东西，五花八门，各不相同，但有一类能够博得普遍的认同，那就是公众利益。由此可知，我们理应追求社会化的目标，即我们同胞的利益。全心全意致力于此的人，他的种种行动都会始终如一，因此其为人也会始终如一。

22 田鼠和家鼠的故事——还有家鼠是如何惊慌逃窜的①。

23 苏格拉底常说，民众的信念如同"妖魔鬼怪"，是吓唬小孩子的东西。

24 在节庆期间，斯巴达人总是将宾客的座位安置在荫凉里，自己则随便找地方坐下。

25 苏格拉底拒绝了马其顿的佩尔狄卡斯②入宫的邀请："以免落得最糟糕的死法"——他的意思是说，怕自己无法回报所得的厚爱。

26 在伊壁鸠鲁学派的著作中，记载着这样一条戒律：应当时常怀想遵行美德之道的先贤。

27 毕达哥拉斯学派的信奉者说："看看拂晓的天空吧"——它会让我们想起那些天体的恒定如一，它们长年

① 指《伊索寓言》中的故事，家鼠虽然可以品尝家中的美味食粮，却在来人时惊慌逃窜，远不如食物粗陋的田鼠安闲自在。
② 佩尔狄卡斯（Perdiccas），原为马其顿的亚历山大的部下，亚历山大死后曾摄政整个亚历山大帝国，邀请苏格拉底去他的宫廷。一说是他的儿子曾向苏格拉底发出邀请。

累月地完成着运行的职责，它们秩序井然，纯洁无瑕，不做掩饰。没有哪颗星星披着面纱。

28 想想被妻子拿走外套，身着内衣的苏格拉底吧，还有他对见他这般穿着只得尴尬离开的朋友们说的那番话。

29 你得先学会读写，才好教给别人。生活也是如此。

30 "你生来便是奴隶，你别无选择。"

31 "我的内心笑了起来。"

32 "他们会对美德大肆嘲弄，用谩骂之词将人激怒。"

33 只有疯子才会在冬天寻找无花果：生育能力已经不复存在，还想生儿育女的人，同样疯狂。

34 爱比克泰德常说，在亲吻儿女的时候，应作如是想："或许明天自己就不在人世了。"但这话实在不祥！"非也，"他回答说，"既然是自然的进程，便没有什么不祥之处。否则收获稻谷也成了不祥的话题。"

35　葡萄从青涩到成熟，然后干瘪下去：一切都在变化之中，最后并非化为乌有，而是化为尚未诞生的状态。

36　"没有哪个贼能偷走你的意志"——爱比克泰德如是说。

37　他还说："我们必须找到一套表达赞同的方式，在欲念的领域中，我们要确保每种欲念都符合既定的条件，行事的动机应当有利于城邦，且与目标的价值相称。我们必须克制私人的动机，同时不要对超出我们直接掌控的任何事物，表露出反感之意。"

38　他还说："在疯狂与清醒之间做出抉择，绝非争夺竞赛奖品般无足轻重。"

39　苏格拉底经常这样发问："你们想要拥有什么？理性存在的灵魂还是非理性存在的灵魂？""理性存在的。""何种理性存在？纯洁的还是低等的？""纯洁的。""那你们为何不努力寻求？""因为我们已经拥有了。""那你们何必争执不下？"

第十二卷

人生的救赎在于看清每一样事物的本质和整体，辨明其物质和因由，全心全意地做正确的事，讲真实的话。 余下的只有接连不断地行善的乐趣，中间不留丝毫空隙。

1　你祈求在人生某一刻得到的东西，你现在就可以拥有——只要你对自己慷慨一些就行。就是说，只要你能把过去全部抛到身后，把未来托付给天意，把现在指引向虔诚与公正。唯有虔诚，你才会喜爱自己分得的命运：是自然将它交托给你，将你交托给它。唯有公正，你的言行才能做到率直而坦白，才能做到实话实说，行为合乎法律与情理。不要让任何事物妨碍你——不论是他人的恶行，还是他人的想法或说辞，尤其是不要让环绕在你肉身周围的感觉妨碍你：感到不适的部位能自己照顾自己。

如果你在去日无多之际，能将其他一切抛在脑后，唯独看重起支配作用的心灵和心里的神性，如果你所担心的不是寿命的终结，而是自己的生活并不符合本性，那你就是一个无愧于天地生养的人。你就不再是本国的异乡人，不会再被出乎意料的时事弄得不知所措，不会再依赖外物，难以自决。

2　神明能透过物质的容器、外壳和渣滓，看到我们起支配作用的心灵。他的观察力就作用在他的智慧与从他那里流入我们当中的事物之间。如果你也训练自己这样做，就能摆脱诸多纷扰。对自己的躯壳并不在意的人，又怎会把时间耗费在关注衣服、宅邸、名声之类的外物与虚饰上呢？

3　有三样事物组成了你：肉体、呼吸和心灵。前两者在一定程度上属于你，需要你小心留意，但只有第三样才是完全属于你的。因此，只要你从自己那里——也就是你的思想中——剔除掉他人的言行、自己的言行、你对未来的各种困扰、你那封闭的躯壳和与之相伴的呼吸在你并非自愿的情况下带给你的一切、在我们周围的外部漩涡中旋转着的一切，你的思想所具有的力量就会超越各种偶然的羁绊，独立自主，变得纯粹而自由，做公正的事，说真实的话，欣然接受自己的遭遇；倘若你像我说的这样，将情欲、过去和未来等负累从起支配作用的心灵中剔除出去，让自己像恩培多克勒①所说的"完美的圆因独处而喜悦"那样，只想让当前的生活变得更加完美，那你至少能做到平静、舒适地安度余生，与心中的神性和睦相处。

4　我总想知道，为什么每个人爱自己远甚于爱别人，却将别人对自己的看法置于自己的看法之上。然而，要是有一位神明，或者一名睿智的导师出现在他的身旁，让他心里不要抱有什么想法，或者不要抱有他不肯马上公之于众的念头，这样的规矩他连一天都忍受不下去。因此我们更加重视邻人对我们的看法，胜过我们对自己的看法。

5　将其他诸事安排得十分妥当，对人也关爱有加的众神，又怎么会忽略这件事呢：某些人，他们当中的最出色的一部分，通过祈祷与礼拜的方式，与神灵做了很多交流，建立了密切的联系——而这些人一旦死去，竟然彻底湮灭无存，没有重回世间？

① 恩培多克勒（Empedocles），古希腊哲学家、政治家、诗人，生于西西里岛。

如果事情真是这样，那你就应该确信，如果可以另作安排，众神早就另作安排了：因为如果另作安排是对的，那就有实现的可能，如果那样做合乎本性，本性自会促成它的实现。因此众神并未另作安排这一事实（如果这的确是事实的话）应当使你确信，并不应该另作安排。你自己也看得出来，提出这一僭越的问题，不啻是与神明争辩。不过就算众神并非无比善良、无比公正，我们也不应该这样同他们争辩：如果真是这样，他们也不会在对世界作出井井有条的安排时，因为疏忽，让其中的某个部分遗漏掉公正或理性。

6　就算无望掌握的技艺，也要加以练习。因为缺乏练习，左手拙于完成多数任务，却比右手更能抓牢缰绳——正是练习的缘故。

7　死亡来临之际，人的身心理应如何；人生短暂；过去与未来绵延无尽；所有的物质又是何等的脆弱。

8　看看剥除了遮掩的因果吧；看看任何行为隐秘的目标吧。想想何为痛苦？何为享乐？何为死亡？何为名望？谁人不是因为自己而心神不安？想想为何无人能被他人妨碍；一切事物落得这般，皆因人的想法使然。

9 应用原则，应当效法拳手，而非斗剑者。斗剑者会放下或拿起他用的剑，但拳手的双手始终都在，只需将它们攥成拳头就行。

10 看清事物的本来面目，将它们分解为物质、因由和目标。

11 人只需要做神明赞成的事，欣然接受神明在自然的进程中为他安排的一切，这是何等的自由！

12 不要怪罪神明：他们并未存心或无意地做出什么错事。也不要怪罪人：他们做的错事都是无心之失。因此谁都不应怪罪。

13 对自己人生际遇的某个方面感到惊讶的人，是多么荒唐啊——他对这个世界又是何其陌生！

14 要么是宿命的推动，要么是不容偏离的秩序，要么是能够听取祷告的神意，要么是一场没有方位可言的混沌。如果是不偏不倚的推动，为什么要抗拒呢？如果是承认祷告的神意，那就让自己配得上得到神助吧。倘若是不受控制的混沌，那就庆幸在这样一个大漩涡里，你体内还有一个起支配作用的心灵吧；倘若急流将你卷走，就任它带走你的肉体、你的呼吸、其他的一切好了——但它无法带走你的心灵。

15 灯光在熄灭之前会一直亮着，并不会失却它的光辉。那么为你提供养料的真理、正义和自制，会在你寿终之前衰微吗？

16 当我觉得某人做了错事的时候，我怎么知道那是错事呢？如果真是一桩错事，我怎么知道他没有饱受自责，就像抓破了自己的脸一样呢？

想让恶人不做错事，就像想让无花果树不在果实里生出蜜汁，婴孩不哭，马匹不发出嘶鸣，或者不发生其他难以避免的自然现象一样。以他那样的心态，他还能怎么做？所以要是你真有那份热忱，就纠正他的心态吧。

17 若非对的，便不要做；若非真的，便不要说。

18 不论在何种场合下，你都应当全面考察，给你的心灵留下印象的事物究竟是什么——通过将它分解为因由、物质、目标，以及它归于消亡之前的存续时间，来弄清它的面貌。

19　你终归要明白，你心里有些东西，比把你变成牵线木偶的情感媒介更为强大和神圣。此时此刻，我的心里有什么？是恐惧吗？还是猜疑、欲望？还是其他类似的东西？

20　首先，做事不要漫无目的，或者没有隐秘的目标。其次，不要将公共利益之外的事列为目标。

21　很快，你就不复存在了；你所目睹的一切和此刻存活的一切，很快也将不复存在。变化、消亡和转换正是万物的本性，如此这般，不同的事物才会陆续生成。

22　一切如此，皆因想法使然——你要控制自己的想法。因此无论何时，你都可以按照自己的意愿，打消自己的判断，然后便可归于平静——正如水手绕过海岬，便会发现平稳的水面和平静无波的海湾。

23　任何一项单独的活动，在恰当的时机结束，并不会因此造成什么危害：从事这一活动的人，也不会只因为这项活动的停止而遭受损害。同样，如果组成一个人生活的全部活动在恰当的时机结束，那它归于结束的事实也不会造成什么危害，让这些行为适时结束的人也不会遭受什么损害。时机和期限是由本性指定的——有时是人的本性，譬如年迈，但在任何情况下，都是整体的本性作用的结果，整体通过不断改变其组成部分，让整个世界历久常新。

任何有益于整体的事，总是好的和适宜的。由此可知，对我们每个人来说，生命的终结并无危害，因为其中并无可耻之处——死亡既非自己的选择，也没有损害公共利益。说来还是好事，因为它发生在对整体而言恰到好处的时节，因此既能带来好处，又能得到好处。因此只要人的选择和人行进的方向符合神明的道路，人就能得到神明的扶持。

24　时常牢记三点。一、做事切忌漫无目的，也不可做出不义之举；外在的遭遇要么出于偶然，要么出于神意，不可怪罪偶然或谴责神意。二、从受精到灵魂的第一次呼吸，再从第一次呼吸到我们的灵魂甘愿放弃，我们的本性如何；何种元素造就了我们的形体，又终将促使我们分崩离析。

三、 如果你突然被带到高处，可以看遍人间形形色色的活动，你就会对它不以为意，因为你也会看到住在空中的诸多精灵；不论你升到高处多少次，你都会看到同样的景象——千篇一律，稍纵即逝。这些便是我们自命不凡的依仗。

25 摒弃判断，你就能得救。谁能阻止你摒弃判断呢？

26 不论在何种场合，一旦你动怒，你就已经忘掉了许多事：你忘了所有事的发生都合乎整体的本性；任何错事都与自己无关；而且发生的每件事都是过去常有，将来也会照样发生的，此刻也正在世界各地发生着；人与全人类都是亲族——并非血脉相连，而是同属于一个心灵的集体。你还忘了这一点：每个人的心灵都不啻是神明，来自那个源头；没有什么东西是我们自己的财产，就连我们的孩子，我们的身体，我们的灵魂，都来自那个源头；一切如此，都是想法使然；我们每个人都只生活在当前一刻，我们失去的也只是当前一刻。

27 经常想想那些极端不满的人，那些获得荣誉、不幸、仇恨或其他某种极致运数的人。然后再停下来想一想：

如今他们何在？早已灰飞烟灭了，故事早已讲完，甚至早已被人遗忘。同时，你还应该想想这些例子：乡间府邸中的法比乌斯·卡图利努斯①、城中花园里的卢修斯·鲁帕斯、巴亚的斯特尔提尼乌斯②、卡普里的提比略③、维利乌斯·鲁福斯——还有众多自命不凡的人。想想看，他们的那些努力根本毫无价值。运用赋予你的物质条件，让自己变得公正、自制、敬神，要明智得多。那种认为自己毫不自负的自负，最令人难以忍受。

28　"你在哪儿见过神明呢？你怎能确定他们存在，从而崇拜他们呢？"对那些这样发问的人，我先是回答，其实我们是能够看到神明的。其次，尽管我也看不到自己的灵魂，但我尊敬它。对神明也是一样：我能时常体会到他们的力量，因此我确信他们是存在的，我敬畏他们。

29　人生的救赎在于看清每一样事物的本质和整体，辨

———————

① 法比乌斯·卡图利努斯（Fabius Catullinus），古罗马后期的政治家。
② 斯特尔提尼乌斯（Stertinius），医生，生平不详。
③ 提比略（Tiberius），古罗马皇帝（14—37），长期征战，军功显赫，56岁继岳父奥古斯都帝位，因渐趋暴虐，引起普遍不满，在卡普里岛被近卫军长官杀害。

明其物质和因由，全心全意地做正确的事，讲真实的话。余下的只有接连不断地行善的乐趣，中间不留丝毫空隙。

30 阳光是存在的，尽管被墙壁、高山和无数其他障碍所阻断。共同的本质是存在的，尽管它分裂成了无数种形态的个体。富有生气的灵魂是存在的，尽管它分裂成了无数特殊的个体。富有智慧的灵魂是存在的，尽管它看上去像是分裂的。

在上述种种情况里，其他部分——比如单纯的呼吸，或者没有知觉的物质——彼此间并没有直接的吸引力，但近似之物之间的统合与吸引还是给它们建立起了一种联系。但心灵有这样一项独特的功能：它能与思想相近的其他心灵建立起密切的联系，维系着一份不断的伙伴情谊。

31 你还想要什么？延年益寿？还是将感觉和欲望延续下去？先崛起再衰微？能运用你的声音、你的心灵？你认为其中何者值得惋惜？但如果这些目标全都不值一提，那就选择最后的目标，追随理性和追随神明吧。看重上面这些外物，为死亡将它们带走而苦恼，是有悖于这一目标的。

32　我们每个人分得的时间，是无尽深渊中多么微小的片段——它很快便会消失在永恒之中；我们每个人分得的物质和灵魂，是宇宙中多么微小的部分；你在整片大地上爬过的，是多么微小的土块。想想所有这一切，不要认为有什么比积极追随你的本性指引给你的方向，顺从接受宇宙自然带给你的事物来得重要。

33　整个重点在于你那起支配作用的心灵如何发挥作用。其余一切，无论是否出于你的选择，都只是残骸与灰烟而已。

34　看淡死亡最清楚的理由，便是这一事实：就连那些奉享乐为善，视痛苦为恶的人，也觉得死亡不算什么。

35　将适时而生的事物视为唯一的善，只要能通过行为展现真正的理性，这样的机会多一些或少一些都同样满意，认为观看这个世界的时间长一些或短一些并无不同——对这样的人来说，就连死亡也并不可怕。

36　终有一死的人啊，作为这座宏伟城邦的居民，你已经体验过了这里的生活。生命还剩五年还是五十年，又有什么关系呢？ 城邦的法律一视同仁。因此让你离开这座城邦，又有什么好害怕的呢？ 让你离开的并非暴君或腐败的法官，而是当初将你带到这里来的自然。就像聘请喜剧演员的官员让演员离开舞台一样。"可我还没演完我的五幕戏，只演了三幕。""的确，不过三幕也可以算是整部戏了。"完整与否，要由最初让你上场、如今让你离场的人来决定。两者你都没有干预的份。那就安详地离去吧，让你离去的神明也会和和气气地对待你。

图书在版编目(CIP)数据

沉思录/(古罗马)马可·奥勒留(Marcus Aurelius)著；
唐江译. —上海：上海译文出版社,2018.12(2024.3重印)
(译文经典)
书名原文：Meditations
ISBN 978-7-5327-7937-6

I.①沉… II.①马… ②唐… III.①斯多葛派—哲
学理论 IV.①B502.43

中国版本图书馆 CIP 数据核字(2018)第 191214 号

Marcus Aurelius
Meditations

沉思录

〔古罗马〕马可·奥勒留 著 唐江 译
责任编辑 / 衷雅琴 特约编辑 / 刘晴 装帧设计 / 张志全工作室

上海译文出版社有限公司出版、发行
网址：www.yiwen.com.cn
201101 上海市闵行区号景路159弄B座
江阴市机关印刷服务有限公司印刷

开本 787×1092 1/32 印张 7 插页 5 字数 73,000
2018 年 12 月第 1 版 2024 年 3 月第 9 次印刷
印数：29,001—32,000 册

ISBN 978-7-5327-7937-6/B·455
定价：45.00 元